Über die Autoren:

Dr. phil. Bernd Schmid ist Leitfigur der ISB-GmbH, Wiesloch (seit 1984) www.isb-w.eu und der Schmid-Stiftung www.schmid-stiftung.org
Studium der Wirtschaftswissenschaften, Erziehungswissenschaften und Psychologie. Tätig als internationaler Referent, Lern- und Professionskulturentwickler, Unternehmer und Gründer von Initiativen und Verbänden, dabei Mentor und Konzeptentwickler für das Feld Organisation, für das Nutzen von OE- und Coaching-Know-how auch im Zusammenwirken von Profit- und Nonprofit-Unternehmertum.
Er ist u.a. Ehrenmitglied der Systemischen Gesellschaft, Ehrenvorsitzender Präsidium Deutscher Bundesverband Coaching www.dbvc.de, Preisträger des Eric Berne Memorial Award 2007 der Internationalen TA-Gesellschaft ITAA und des Wissenschaftspreises 1988 der Europäischen TA-Gesellschaft EATA. Life Achievement Award 2014 der Petersberger Trainertage.
Essays zu persönlichen und professionellen Themen www.blog.bernd-schmid.com,
zahlreiche Veröffentlichungen als Schriften und Audios zum kostenlosen Download unter www.isb-w.eu.
Videos: www.youtube.com/user/ISBlearning
Internationale Präsenz unter www.isb-i.eu/

Rainer Müller ist Diplom-Psychologe und systemischer Coach. Als freiberuflicher Trainer und Berater ist er für verschiedene Institute tätig. Seine Arbeitsschwerpunkte sind der Umgang mit psychischen Belastungen und das Krisen-Coaching. Ehrenamtlich moderiert er ein Psychologen-Forum sowie das Fachforum Mobbing.
Webseite: www.psyche-und-arbeit.de

Bernd Schmid

Psychotherapieschulen und ihre Schlüssel-Ideen

Gründer – Stories – Extrakte

unter Mitarbeit von Rainer Müller

Lesebuch Band 1

© 2016 Bernd Schmid, unter Mitarbeit von Rainer Müller

Verlag: tradition GmbH, Hamburg

Bibliographische Information der Deutschen Nationalbibliothek
Die Deutsche Nationalbibliothek verzeichnet diese Publikation in der Deutschen Nationalbibliografie; detaillierte bibliographische Angaben sind im Internet über http://dnb.d-nb.de abrufbar.

978-3-7345-1992-5 (Paperback)
978-3-7345-1993-2 (Hardcover)
978-3-7345-1994-9 (e-Book)

Umschlagabbildung: © Bernd Schmid Fotoarchiv

Printed in Germany

Inhalt

Einführung

In diesem Lesebuch geht es darum, von Psychotherapie-Schulen und ihren Begründern zu erzählen, von Denkern und ihren Ideen, die mir von der psychologischen Seite her Orientierung gegeben haben. In Kürze soll jeweils beschrieben werden, was mir von ihnen geblieben ist. Ich konzentriere mich dabei auf solche Ideen, die mir für das Verständnis von Menschen und Organisationen, von Entwicklung und deren Gesetzmäßigkeiten wichtig geblieben sind, auch nachdem ich meinen Schwerpunkt in das Organisationsfeld verlegt habe. Das Ganze würze ich mit aufgesammelten oder selbst erlebten Stories aus meinen „Lehrjahren".

Professionelle in Psychotherapie, Beratung, Coaching und Organisationsentwicklung haben heute vielen Anforderungen zu genügen, auch vielen neuen, die es so in meiner Lehrzeit nicht gab. Da kann wenig Kraft bleiben, sich daneben einen weiten Horizont durch eigenes Studium zu erschließen. Dennoch wäre es ein Verlust, würden sie auf so viele erhellende Gedanken zum Verständnis von menschlichen Grundfragen verzichten.

In diesem Lesebuch kann ich keinem Anspruch auf repräsentative Darstellungen genügen, vielmehr soll herausgestellt werden, welche Perspektiven gerade mir geblieben sind. Es ist also ein sehr persönliches Dokument. Wem meine Art, Ideen zu verarbeiten und zu erzählen liegt, der kann auf kraftsparende und vielleicht auch unterhaltsame Weise seinen Horizont erweitern und erhält einige „Zusatzschlüssel", mit denen sich manches erschließen lässt, was sich sonst dem Verstehen entziehen könnte.

Besonderen Raum nehmen hier Darstellungen zur Erickson'schen Hypnotherapie und zur Psychologie von C.G. Jung ein. Dies repräsentiert nicht unbedingt den tatsächlichen Raum in meinem Berufsleben im Vergleich zu anderen Ansätzen, wie z.B. der Transaktionsanalyse oder den systemischen Ansätzen. Doch habe ich z.b. über letztere in anderen Zusammenhängen schon viel geschrieben, so dass hier bislang weniger beschriebene Gedanken zum Zuge kommen. Mein Verständnis von Wirklichkeitsgestaltung, von Kommunikation und von Entwicklung ist von Milton Erickson und C.G. Jung besonders geprägt. Der systemische Ansatz ist für mich eine übergeordnete Perspektive.

Von der Form her sind die Texte Seminarreferate. Dieser Charakter sollte trotz Umformung zu einem Lesetext erhalten bleiben. Die Reihenfolge der Ideen folgt im Wesentlichen der geschichtlichen Entwicklung meiner Begegnungen mit ihnen und ist in der Regel an Schulen oder Autoren orientiert. Manchmal sind es aber auch Themen, bei denen auf verschiedene Ideen und Autoren Bezug genommen wird. Oft wechseln sich thematische, konzeptionelle und methodische Erörterungen mit persönlichen Erlebnissen und Storys ab oder gehen ineinander über.

Soziometrie/Soziodrama –Jacob Moreno

Jacob Moreno steht bei mir für Soziometrie, für Soziodrama und für Psychodrama. Moreno selbst war einerseits Komödiant, der alle Arten von szenischen Darstellungen liebte. Andererseits war er Soziologe, der sich für Strukturen und Dynamiken in Gruppen interessierte. Die von ihm mitentwickelte Soziometrie versuchte beides wissenschaftlich und gleichzeitig praxisnah zu erfassen.

An Hochschulen wurde *Soziometrie* als wissenschaftliches Verfahren gelehrt, um Beziehungen in Gruppen bzw. deren Strukturen (z. B. in Schulklassen) zu erfragen. Häufig geschah das in zwei Richtungen, die später im Bereich von Soziodrama und Gruppendynamik wichtig wurden:

Wer hat eine Führungsfunktion, wird also häufig beachtet und gewählt, bezogen auf die Aufgaben?

Wer hat eine Führungsfunktion, wird also häufig beachtet und gewählt, bezogen auf den Gruppenzusammenhalt?

Schon hierbei kam den beiden Dimensionen *Aufgaben- und Beziehungsorientierung* eine zentrale Bedeutung zu. Dies wurde in vielen Schulen aufgegriffen. Moreno wollte wissenschaftlich näher erkunden, wie Gruppen *Außenseiter* produzieren und wie man diese identifizieren kann. Solche Studien dienten dann als Grundlage für Selbsterfahrung bzw. *Schulungen in sozialer Kompetenz*. Menschen sollten lernen, sich in Gruppen besser wahrzunehmen und kompetenter zu handeln. Dies gemeinsam und experimentell-spielerisch zu tun, ist die Hauptaufgabe des Soziodramas, bei dem eine Art Regisseur eine *szenische Darstellung* anleitet, in der ein Gruppenmitglied sein Verständnis einer Situation darlegen und im Rollenspiel sein Verständnis

11

erweitern und Alternativen entwickeln kann. Hierbei werden Szenen entwickelt, in denen alle ihr Verhalten erproben können, um daraus das Verstehen von Sozialgefügen und das Handeln in diesen zu erlernen.

Psychodrama

Eine andere Dimension, die vom Setting her ähnlich angelegt war, hat das Psychodrama aufgegriffen. Dabei geht es darum, *psychische Konflikte* im Leben eines Menschen mit Hilfe anderer Mitspieler darstellerisch in Szene zu setzen. Dabei soll sich zumindest der Protagonist selbst erfahren und seine Konflikte mit Hilfe von Stellvertretern früherer Konfliktbeteiligter wahrnehmen und auflösen. Der Protagonist inszeniert sein Inneres draußen in einer gelebten Psychotherapie mit diesen Figuren und löst so biographische Belastungen. Also hoffentlich heilsames *Psycho-Theater*.

Die Inszenierungen sind in der Regel intensiv und, wenn sie gut angeleitet sind, spannend. Eines der Probleme ist, dass sie leicht der Regie entgleiten. Oftmals werden so viele Dimensionen bei den Beteiligten aktiviert, dass es relativ schwierig ist, Wesentliches zusammenzuführen und zu verdichten und für die Beteiligten zu einem persönlichen Abschluss zu bringen. Natürlich geraten auch die Mitspieler bei Fragen, die sie selbst betreffen, in heftige Wallungen und bringen ihre Konstellationen mit ein. Dadurch entsteht oft ein vielschichtiges Autoren-Theater. Die Kunst ist es nun, das einerseits zuzulassen, weil man davon ausgeht, dass von Vielen Beziehungsbilder und dahinterstehende Beziehungserlebnisse auf die Spielsituation übertragen werden und Zusammenhänge zumindest intuitiv begriffen werden. Andererseits sollten die Szenen aber einigermaßen auf den Protagonisten fokussiert bleiben, um sie in einem bewältigbaren Zeitrahmen abzuschließen. Viele Sitzungen dauern bis zu 3 Stunden und das wird oft als Nachteil dieses Verfahrens betrachtet. Es erfordert vom Setting und vom Aufbau her erheblichen

Aufwand und legt Arbeitsformen nahe, die dem üblichen Umgang miteinander, etwa in Organisationen, nicht entsprechen.

Al Pesso entwickelte in den 1970er Jahren eine spezielle Form, die er *Pesso Style Psychodrama* nannte. Dieses war stark angeleitet und aktiv experimentell angelegt. So ließ er z.B. bestimmte Bewegungen wiederholen oder in Zeitlupe spielen bis eine starke Aufladung entstand, die dann zu heftigen emotionalen Entladungen führte. Man lernte auch zu erkennen, welchen motorischen Impulsen ein Spieler nicht zu folgen wagt, wie z.B. eine nahe Person zurückzustoßen. Dies dann doch in geschütztem Rahmen mal zu tun, wurde als befreiende Erfahrung aktiv inszeniert. Dieser Ansatz wurde von Pesso später als Psychomotor-Therapie weiterentwickelt.

Gruppendynamik

Gruppendynamik war lange als Verfahren für das Studieren von Gruppen und für persönliche Selbsterfahrung in ihnen wichtig. Gleichzeitig wurde Gruppendynamik immer kritisch diskutiert (z.b. Schmid 2015). Wesentliche Fragen der Gruppendynamik blieben aber bis hin zur heutigen Team-Kultur-Entwicklung wichtig.

Zum Beispiel halte ich die Unterscheidung in zwei große Richtungen für sinnvoll, die analog zu Sozio- und Psychodrama angelegt sind.

Zunächst eine eher entwicklungspsychologisch-psychoanalytische Version der Gruppendynamik mit den sogenannten *Bion'schen Prozessen*. Hier wurde eine Persönlichkeitsentwicklungs-Theorie mit einer Gruppenentwicklungs-Theorie kombiniert. Man sagte: Kinder entwickeln sich in bestimmten Dimensionen und diese tauchen auch in Gruppen auf, wenn man abgesehen von der Inhaltsebene die Dynamik der Gruppe beobachtet.

Es werden unterschieden: Die Beziehung zu Autorität und Ordnung einerseits und Beziehung zu Nähe andererseits.

Beziehung zu Autorität und Ordnung

Bei der Positionierung gegenüber Autoritäten und Strukturen zeigen Menschen verschiedene Entwicklungsstadien. Zunächst *Abhängigkeit* und dann die verneinende Version davon, die *Gegenabhängigkeit*. Abhängig sind sie unkritisch für und gegenabhängig überkritisch gegen alles, was Ordnung in ihr Leben bringt. In Abhängigkeit wollen sie sich entweder unterwerfen oder meinen dies zu müssen. Gegenabhängigkeit ist die andere Form der Nicht-

Unabhängigkeit. Die Rebellion richtet viel Aufmerksamkeit und Energie auf die Hierarchie und die Autoritätsstruktur, nur eben im Dagegen-Sein.

Die reife Form davon ist die *Unabhängigkeit*. Man respektiert mit einer konstruktiv kritischen Haltung Ordnung und Autorität und trägt selbst zu ihrer Erhaltung bzw. Entwicklung bei.

Um solche Prozesse „in Reinform" zu studieren, hat man in Gruppen von Leitungsseite her nichts getan, um Ordnung zu errichten. Der Trainer saß zwar da, tat aber nichts. In einer ersten Phase versuchte die Gruppe dann alles Mögliche, um ihn dazu zu bringen, eine Ordnung zu errichten und Orientierung zu geben. Dies wurde dann als Phase der Abhängigkeit gedeutet. Nach vergeblichen Versuchen dieser Art nahm die Gruppe dann eine Gegen-Haltung ein: „Wenn der sowieso nichts tut, kommen wir auch ohne ihn aus. Er soll gehen!" Aber auch in dieser Phase war man sehr am Trainer orientiert, was dann als Gegenabhängigkeit gedeutet wurde.

In unterschiedlichen *Gruppenphasen* geraten unterschiedliche Gruppenmitglieder in den Vordergrund, nämlich die, deren persönliche Neigungen zur Gruppenphase passten. In der ersten Phase waren solche Mitglieder maßgebend, die zu Abhängigkeit neigten. In der zweiten Phase haben sich diese entweder gewendet, oder es sind andere in der Gruppe als maßgebend für die Gruppenentwicklung ins Spiel gekommen und haben die Rebellion geprobt. Erst in einer dritten Phase begann die Gruppe sich dann darauf zu besinnen, wer sie ist und was sie möchte. Da kamen dann diejenigen in der Gruppe zum Zug, die ein reiferes Verhältnis zu Selbständigkeit, zu Autorität und Ordnung entwickelt hatten und die damit relativ angstfrei umgehen konnten.

Beziehungen zu Persönlicher Nähe

Die zweite Dimension ist die Beziehung der persönlichen Nähe. Das entwicklungspsychologische Deutungsmuster im Hintergrund: Kinder bewegen sich zunächst in einer großen Beziehungs-Abhängigkeit. „Wir sind gut miteinander, wenn wir uns kritiklos nahe sind." Später proben sie die rebellische Abkehr, um gereift dann differenzierte Nähe und Distanz in Beziehungen als positiv erleben zu können. Wer diese Entwicklung für sich noch nicht stabil durchlaufen hat, ist geneigt bei Beziehungsunsicherheit *überpersonale Beziehungsmodi* wiederherzustellen bzw. vermeidet er diese, indem er sich durch *gegenpersonale Beziehungsmodi* auf Abstand hält. „Ich bin nur wegen der Sache hier. Bleibt mir vom Leib." Wird dies dann aber als zu beziehungslos erlebt, können sie in undifferenzierte Nähe zurück kippen. Und erst als dritte Reifungsstufe wechseln sie über in angemessen kritische *personale Beziehungsmodi*, wo sie differenziert nah und distanziert sein können. Nun gelingt es, die eigene Zuwendung zum anderen realistisch und dessen Zuwendung zu einem selbst realistisch einzuschätzen. Ein realistisches Maß kann ertragen und als in der Beziehung nährend empfunden werden. Einer so gereiften Gruppe gelingt es, die beiden Bedürfnisse, nahe beieinander zu sein und sich zu unterscheiden, zu kombinieren.

In den Gruppen konnte man das stets sehr plastisch beobachten: Die einen haben erst einmal gesagt, „ich habe hiermit nichts zu tun, ich bin hier nur zum Beobachten." Nach einer Weile entstand dann aber eine Anziehungskraft. Plötzlich war in der Gruppe eine Verliebtheit zu spüren und sie verschmolz miteinander. Da lag schon mal die ganze Gruppe einfach auf einem Berg in der Mitte des Gruppenraumes, Männlein und Weiblein durcheinander, und man fühlte sich undifferenziert als ein Organismus. In der nächsten Phase stellte man dann fest, dass man sich so arg doch nicht nahe sein wollte, und sich auch nicht in jeder Hinsicht mochte, oder nicht jeden in der Gruppe. Nach Phasen des Gegenpersonalen und Überpersonalen sortierte man langsam, was realistische Beziehungen sind. So hat man dann zu den personalen Beziehungen in der Gruppe gefunden.

Organisationsbezogene Gruppendynamik

Neben den persönlichen, entwicklungspsychologisch gedeuteten, erlebensorientierten Strömungen, gab es auch eine organisationsbezogene Gruppendynamik. Sie fragte danach, wie man Phänomene der Gruppenentwicklung, der Gruppenbildung, der Spaltung u. ä. in einem weniger psychologischen als mehr soziologischen Sinn untersuchen und in *gruppendynamischen Laboratorien* herstellen könne - und zwar sowohl zu Forschungszwecken, als auch zu Selbsterfahrungszwecken. Mit dem Begriff „*Aktionsforschung*" wurde damals die Brücke geschlagen zwischen Selbsterfahrung und wissenschaftlich distanzierter Forschung.

Pure Gruppendynamik?

Was hier beschrieben wird, sind einfache *Phasenschemata*. In der Praxis sagte man, wie bei allen solchen Schemata, die Phasen überlagern sich und kommen spiralförmig wieder. Man hatte die Idee, dass man den Inhalt und die Ausrichtung der Gruppe bzw. die äußeren Aufgaben herausnehmen und den psychologischen gruppendynamischen Prozess an sich beobachten kann. Das machte man dann auch jahrelang in großer Ausführlichkeit. Man konnte dabei auf jeden Fall lernen, dass man Vieles erst versteht, wenn man es durchlebt, wie zum Beispiel die in solchen Gruppen ausgelebten Verschmelzungen aber auch Zerwürfnisse. Trotz aller Sehnsüchte oder Befürchtungen geht es irgendwie weiter, und Balancen werden gefunden. Man entwickelt dadurch eine gewisse Gelassenheit.

Allerdings haben diese Verfahren bei Beteiligten auch zu traumatischen Belastungen geführt, die nicht aufgelöst wurden. Soweit diese Verfahren in Organisationen angewendet wurden, haben sie bei einigen auf Jahre die Bereitschaft, sich Fragen der Gruppendynamik zu stellen, belastet.

Generell hat die Gruppendynamik ihren Schub bekommen aus dem, was 1968 und in den Folgejahren gesellschaftspolitisch los war. Es war die Zeit des Aufbruchs in den USA und in der BRD gegen starre Autorität und gegen den 'Muff von tausend Jahren unter den Talaren'. Zeitweilig geschah das alles mit einer ideologischen Erhöhung. Alles, was demokratisch ist, im Sinne von alle haben gleichberechtigte Beteiligung und Mitgestaltungsmöglichkeiten, sei besser als andere, anders gesteuerte Kommunikationsformen. Es hat sich relativ bald bei entsprechenden Forschungen herausgestellt, dass es von dem, was eine Gruppe machen soll, abhängt, ob diese Form mit allseits offenen Kommunikationskanälen leistungsfähiger ist als z.B. hierarchisch gesteuerte oder sternförmige Kommunikation. In der Aufbruchsmentalität damals glaubte man natürlich, dass „demokratisch" besser, kompetenter und auf Dauer steuerungsrelevanter sei. In manchen etwas unbedachten Bottom-up OE-Konzepten findet man diese Idee heute noch. Aber ich glaube, dieses Thema wirkt nur deshalb noch in uns, weil eben diese Aufbruchszeit noch in uns steckt.

Sensitivitytraining

Als Zweig hat sich aus Gruppendynamik (oft schon kombiniert mit Ansätzen humanistischer Psychologie) das *Sensitivity-Training* entwickelt: „hear me, feel me, touch me." Einerseits waren die wilden Stories aus solchen Seminaren faszinierend, auf der anderen Seite haben sie später den Roll- back provoziert. Gruppendynamik und später humanistische Psychologien wie z.B. die Gestalttherapie gingen damals einher mit „sexueller Befreiung".

Gestalttherapie – Fritz Perls

Bedeutend an der etwas älteren und umfassenderen *Gestalt-Psychologie* ist, dass Wirklichkeit nicht länger als Naturerscheinung angesehen wurde. Vielmehr wurde es der Wahrnehmung eines Beobachters zugeordnet, was dieser als Gestalt im Vordergrund und was er im Hintergrund sieht. Wahrnehmung hatte also mit dem erkennenden Subjekt zu tun – ein Vorläufer des späteren Konstruktivismus des systemischen Ansatzes, bei dem es um Prioritäten- und Fokusbildung durch Beobachter geht.

Die *Gestalt-Therapie*, begründet von **Fritz Perls**, beschäftigte sich mit einem phänomenologischen Zugang zur Wirklichkeit (im Unterschied zu einem analytisch-schlussfolgernden) und dem *Kontinuum Awareness*. Nicht die Gewohnheitsbilder, die wir uns von den Dingen machen, sind wichtig, sondern die unmittelbare Wahrnehmung dessen, was ist, sei es in der Außen- oder Innenwelt. Wir sollten im „Hier und Jetzt" das neu in uns und außerhalb von uns Auftauchende zur Kenntnis nehmen und uns darauf beziehen.

Landauf und Landab experimentierte man mit relativ schlichten Vorgehensweisen und Deutungsmustern.

Gestalt-Deutungsschema

Die Ursache von neurotischer Angst liegt in der Orientierung an Bildern von Vergangenem. Angst taucht dort auf, wo jemand nicht ganz gegenwärtig ist. Sie entsteht, wo jemand, anstatt vollständige gegenwärtige Wahrnehmung zu leisten, gewohnheitsmäßig früher konstruierte Versatzstücke einfüllt, sogenannten *fixe Gestalten*.

Fritz Perls hatte einen psychoanalytischen Hintergrund, wie viele humanistische Psychologen in dieser Zeit. Entsprechend seine Grundkonstruktion: Kinder seien zu einer vollständigen wahrheitsgetreuen und gegenwärtigen Wahrnehmung fähig. Wenn sie Ersatzkonstrukte aufgebaut haben, müssen irgendwelche belastenden Geschehnisse passiert sein, aufgrund deren sie nicht glaubten, wahrnehmen zu dürfen was „wirklich" war. Stattdessen werden Ersatzwirklichkeiten konstruiert. Diese reproduzieren sie später gewohnheitsmäßig und werden somit in ihrer Realitätstüchtigkeit eingeschränkt. Fixe Gestalten schleichen sich einerseits gewohnheitsmäßig an die Stelle von Wahrnehmungsmöglichkeiten. Auf der anderen Seite inszenieren Menschen diese fixen Gestalten im Rahmen der Wiederholung, weil ein damaliges Entwicklungsbedürfnis mit einem Ersatzgut befriedet, aber nicht befriedigt wurde. Eine so *offene Gestalt* provoziert, solche Szenen in der Gegenwart neu hervorzurufen, um vielleicht dieses Mal eine vollständige Wirklichkeitswahrnehmung leisten bzw. die Gestalt schließen zu können.

Von Fritz Perls soll auch der Ausspruch stammen: "One of the most difficult things is to see the obvious." Es ist also schwierig, das Offensichtliche, was einem vor Augen liegt, zu sehen. Das war zur damaligen Zeit auch eine Gegenbewegung zu der psychoanalytischen Tradition, die die Wahrheit immer hinter den Dingen auf einer Konstruktebene suchte. Dazu hat er gesagt : „Versuche nicht, dahinter zu gucken, sondern tritt einen Schritt zurück und frage, was ist offensichtlich?"

Gestalt-Methodik

Die Gestalt-Methodik legte es auch darauf an, Menschen dazu zu bringen, Anteile der eigenen Person und Lebenswirklichkeit, die sie aus ihrem Wirklichkeitserleben ausgrenzen, wieder zu betrachten und als Teil ihres Selbst zu identifizieren. Durch die *Technik des heißen Stuhls* wurde jemand zum Protagonisten der Arbeit erkoren. Oft wurden dann Gestalten seiner Wirklichkeit auf „leere Stühle" platziert. Abwechselnd diese Stühle selbst besetzend lernte der Protagonist sie als eigene Persönlichkeitsteile zu identifizieren und Dialoge zwischen diesen Teilen zu führen. Dabei konnten sich diese wie auch der Protagonist insgesamt weiterentwickeln. Z.B.: „Ich bin auch mein Chef, vor dem ich Angst habe oder der böse Hund, von dem ich heute Nacht geträumt habe." In Jung'scher Terminologie wäre das eine subjektstufige Deutung, in der die Welt draußen als Spiegel eigener seelischer Kräfte von Bedeutung ist. Ich erkenne sie oft aber nicht als mein eigen, sondern spalte sie ab und sage, das ist da draußen und stört mich sogar. Ich setze mich zu diesen Gestalten in einen gewissen Gegensatz oder bleibe unbezogen, obwohl ich eigentlich zu ihnen Beziehung aufnehmen sollte. Durch eine bewusste therapeutische Identifikation werden diese ausgegrenzten Erscheinungen dann wieder dem Selbst angenähert: „Geh mal rüber, sei der Hund und sprich zu dir!" Dabei wird eine Bezogenheit zwischen dem bewussten Ich und anderen Phänomenen des Eigenlebens hergestellt und damit Integration ausgegrenzter psychischer Strebungen geleistet. Auf diese Weise wird eine gewisse Vollständigkeit und ganzheitliche Selbsterfahrung gefördert.

Von meiner Weiterbildung in Gestalt habe ich wenig übernommen. Die Idee, dass das andere auch in mir ist, und dass da eine sinnvolle Wechselbeziehung zwischen innen und außen besteht, ist eine wichtige und gute Idee. Aber sie ist bei Jung längst da gewesen und für mich auch dort aufgehoben. Darüber hinaus ist neben der subjektstufigen die objektstufige Deutung für mich immer wichtig gewesen. Bei der objektstufigen Deutung werden die in

mir präsenten Teile der Welt auch als Welt draußen gesehen, auf die ich mich auch draußen beziehen muss. Der
Chef ist auch wirklich mein Chef und nicht nur Repräsen-
tant meiner Chefseele.

Begegnung – weitere Bezüge

Der begegnungsorientierte Ansatz der Gestalttherapie
wurde oft auch mit Buber'schen Beziehungsideen (Martin
Buber) kombiniert, im Sinne von: „Ich und du sind keine
getrennten Wirklichkeiten, sondern sind eingebettet in die
Wirklichkeit der Beziehung." Also Wirklichkeit ist eigentlich immer Beziehungswirklichkeit. Auf unsere heutigen
Belange übersetzt heißt das, dass in einer Beratungssitua-
tion Wirklichkeit durch Begegnung entsteht. Und das ist ja
auch richtig. Leider wurde diese Idee oft sehr sentimental
verklärt. „Ich und du" meinte dann irgendeine Art von
privatpersönlicher, emotionaler Intimität. Beziehungsqua-
lität war zeitweise wichtiger als Aufgabenorientierung.
Dadurch entstand eine gewisse Überpersonalität kombiniert mit Gegenabhängigkeit gegenüber Hierarchie, Leis-
tung, Funktionsgebundenheit von Begegnung und Ähnli-
chem. Viktor Frankl, der sich auch auf Buber bezog, hat
diese Idee differenzierter aufgegriffen. Ich habe sie als
pragmatisches Konzept der Beziehungspräferenzen gefasst (z.B. Kannicht/Schmid 2015: Einführung in die
systemische Selbststeuerung).

Klient-zentrierte Psychotherapie und Pädagogik – Carl Rogers

Carl Rogers gilt als einer der Begründer der humanistischen Psychologie. Durch Annemarie und Reinhard Tausch wurde Rogers in Deutschland eine der wichtigen Strömungen in den frühen 70er Jahren, insbesondere für Studenten. Aus der klientenzentrierten Gesprächspsychotherapie, wie sie in der BRD wissenschaftlich hieß, ist mir als Grundidee geblieben, dass der Mensch dazu neigt, sich in voller Schönheit selbst zu aktualisieren, wenn er nicht gehemmt wird. Das heißt, in mir meldet sich eigentlich immer wieder alles zu Wort, was für mich wichtig ist zu erleben und in mir zu integrieren, wenn ich nur darauf höre. Deswegen brauche ich jemanden mir gegenüber, der meinen Selbstausdruck sprachlich wiedergibt. Er hilft mir *so beim Verbalisieren emotionaler Erlebnisinhalte.*

Man könnte auch Spiegeln sagen - ein Begriff aus der Jung'schen Psychologie- verbunden mit einer unbedingten Zuwendung. Dadurch, dass alle Dinge sein dürfen und mit Liebe bedacht werden, erlerne ich, Erscheinungen meiner selbst, die ich nicht beachtet oder nicht willkommen geheißen hätte, anzunehmen, zu entwickeln und zu einem Teil meines Selbst werden zu lassen. *Empathie* als die Fähigkeit sich einzufühlen und die Situation des anderen zu verstehen und Verbalisierung als die Fähigkeit, sprachlich widerzuspiegeln, was im Anderen zum Ausdruck kommt, waren wichtige Skalen im Gesprächspsychotherapie-Training.

Die äußere Sozialisation spielt in diesem Ansatz eine geringe Rolle. Eher wird davon ausgegangen, dass ein Mensch im Wesentlichen seinen eigenen *Selbstaktualisierungen* folgen sollte. Wenn er das hinreichend tut, ist davon viel Heil zu erwarten. D.h. wenn er unglücklich ist, muss er sich mehr selbst aktualisieren. Ganz wichtig war die Emanzipation gegenüber den als aufgepfropft erlebten psychoanalytischen Deutungen. Phänomenologie war eine wichtige Gegenströmung gegen die als autoritär und gegen Selbstreflexionen imprägniert empfundene psychoanalytische Kultur der 1970er Jahre.

Selbstaktualisierung und Erziehung

Gleichzeitig hatte man es auch mit einer eher romantischen Verkürzung zu tun. Es ist sehr fraglich, ob sich alle notwendigen Komponenten der Sozialisation von selbst in einem Menschen aktualisieren. Viele Komponenten müssen vielmehr an Menschen herangetragen werden. Die findet er nicht in sich, sondern in der sozialen und der professionellen Kultur, in der er aufwächst. Diese müssen individuell integriert werden, und Neigungen, sich zu aktualisieren, müssen zumindest in Bahnen gelenkt werden.

Ich selbst bin voll ausgebildeter Gesprächs-Psychotherapeut. Das war eine meiner ersten Ausbildungen. Ich glaube nicht, dass es wirklich nicht-direktives Vorgehen gibt. Jedes Vorgehen impliziert Richtungsweisen. Als ideologischer Begriff sollte Nichtdirektivität autoritäre Beeinflussung infrage stellen. Da wurde wohl eine Stil-Diskussion gemixt mit einer, bei der es um die Frage ging, woher Orientierung kommt. Es gibt eine ganze Reihe von Schulen, die versucht haben - vielleicht war das für die Zeit auch richtig - zu sagen, wir sind auf der sichereren Seite, wenn wir versuchen, die Orientierung vom Klienten zu bekommen anstatt vom Berater. Nur ist das immer eine Fiktion gewesen. Die Psychoanalytiker haben behauptet, sie wären ein Bildschirm, auf dem sich Projektionen des Gegenübers abbilden, und sie reagieren nur. Die Gesprächspsychotherapeuten haben behauptet, sie verbalisieren nur, und haben damit das eigene ko-kreative Gestalten von Wirklichkeit, das unumgänglich ist, ideologisch ausgeblendet. Das war geschichtlich verständlich und vielleicht zunächst notwendig.

Transaktionsanalyse – Eric Berne

Ich komme nun zu **Eric Berne** und will die Transaktionsanalyse kurz darstellen. Ausführlich habe ich dies in mehreren Schriften an anderer Stelle getan (z.B. Schmid/Gérard [1]).

Ich habe die Transaktionsanalyse im Rahmen einer Gestalt-Weiterbildung 1976 in Kalifornien kennengelernt. Faszinierend war für mich daran die Mischung aus humanistischen Methoden und einem Konzeptrepertoire, das gewisse analytische Qualitäten mit hohem Pragmatismus verbunden hat. Daher habe ich noch im selben Jahr eine Ausbildung in Heidelberg begonnen. Dort hatte sich gerade eine neue Weiterbildungsgruppe um die frisch zugezogene Amerikanerin Arlene Moore gebildet.

Basierend auf Intuitionsstudien waren Konzepte der späteren Transaktionsanalyse ursprünglich als pragmatische Ergänzung der Psychoanalyse gedacht. Berne entwickelte ein Persönlichkeitsmodell aus Teilpersönlichkeiten, das sich aber von dem Ich-/Es-/Über-Ich-Modell der Psychoanalyse unterschied. Berne war wichtig, dass Teilpersönlichkeiten nicht irgendwelche Kräfte repräsentieren (wie ES oder ÜBER-ICH), sondern konkrete Menschen, die in der eigenen Biographie eine Rolle gespielt haben. (Berne: „I never saw an ID walking") Zu diesen Teilpersönlichkeiten gehört man selbst, wie man früher war. Berne geht davon aus, dass Persönlichkeit sich im Zusammenspiel vieler solcher Teilpersönlichkeiten nach innen und außen organisiert. Das hatte z.B. den praktischen Vorteil, dass man sie in einem Psychodrama darstellen

---

[1] Bernd Schmid/ Christiane Gérard 2008: Intuition und Professionalität. Systemische Transaktionsanalyse in Beratung und Therapie, Heidelberg 2008.

konnte. Ein ES kann man im Vergleich dazu in einem Psychodrama schlecht auftreten lassen. Nach Berne findet menschliche Entwicklung immer im Zusammenspiel von wirklichen Personen statt. Ihre Abbilder sind somit also auch die Träger von Kräften in einem Menschen. Solche Strukturmodelle der Persönlichkeit sind für biographische Arbeit geeignet und werden z.B. in der Traumatherapie verwendet.[2]

Die Ich-Zustände

Berne hat ein Modell mit einer Dreier-Einteilung entwickelt: Das Eltern-Ich enthält die Aufzeichnung aller Elternfiguren, das heißt **andere Menschen**, die für mich im positiven wie im negativen Sinn orientierend wichtig waren. Das ist eine Abteilung meiner Persönlichkeit. In einer zweiten sind alle Aufzeichnungen von mir aus meiner Biographie (**Ich selbst früher**) enthalten. Also Erlebens- und Verhaltenszustände wie ich als Dreijähriger oder als Siebenjähriger, so wie ich die Welt verarbeitet habe und was da noch als Programme aus dieser Zeit in mir übrig ist. In der dritten Abteilung bin **ich heute**. Das ist dem ICH der Psychoanalyse am ähnlichsten: Wer bin ich heute, bezogen auf meine Wirklichkeit? Das gilt aber nur, sofern sie nicht ein Playback von Aufzeichnungen anderer Figuren oder von persönlichen Erlebens- und Verhaltensweisen aus meiner Vergangenheit ist, sondern wirklich situativ, das heißt für mich auch immer kreativ bzw. realitätstüchtig. Dann könnte man die ganze Zukunft in diesen Teil der Persönlichkeit einbeziehen: Ich, bezogen auf das, was ich werden könnte. Das hat Berne allerdings so noch nicht einbezogen.

---

[2] Jochen Peichl (2006): Die inneren Trauma-Landschaften. Boderline – Ego-State – Täter-Introjekt, Stuttgart 2006.

Rackets

Berne selbst war immer auch Psychoanalytiker und hat sich von daher häufig mit Kindheitsgeschichte beschäftigt. Seine Beispiele gehen eher in die Richtung von Kindheits- und Entwicklungspsychologie. Interessant an Berne ist zudem, dass er sich damit beschäftigte, wie Menschen Erlebens- und Verhaltensgewohnheiten entwickeln bzw. wie sie sich diesen Gewohnheiten gemäß auf Wirklichkeit, auf andere Menschen und auf sich selbst beziehen. Besonders hervorgehoben hat er die Gefühlsgewohnheiten, also Gefühlsmuster, die gewohnheitsmäßig aktiviert werden, auch wenn sie nicht authentisch sind (Rackets). Dazu gibt es verschiedene weitere Konzepte von Transaktionsanalytikern, was aber hier nicht ausführt werden soll. Fanita English z.B. spricht von Ersatzgefühlen, Gefühle, die man sich anstatt anderer, passenderer, angewöhnt hat. Weil es z. B. in einigen Familien so üblich war, dass alles traurig ist, wird jemand stets traurig, während ein anderer sich stets empört, weil in seiner Familie beim selben Anlass alle empört waren. Das heißt, jemand entwickelt im Gefühlsbereich, aber auch im Verhaltens- und Denkbereich Gewohnheiten, die manchmal nicht situativ geeignet und nicht kreativ sind. Da sie aber sehr vertraut sind, scheinen sie eine gewisse Plausibilität zu besitzen, und lassen oft nicht erkennen, warum sie nicht gegenwarts- und zukunftstauglich sind.

Alle diese Aussagen beziehen sich natürlich immer auf die Sicht eines Beobachters oder eines Betroffenen. Man kann immer fragen, was dieser für Vorstellungen von der Wirklichkeit hat, dass er meint, ein Gefühl passt oder passt nicht. Es ist also ein Hinterfragungsraster, das aus einer bestimmten Psychotradition stammt. Wird im Professionsbereich nach dem dahinterliegenden Gefühl gefragt, dann muss hinterfragt werden, ob dieses Raster unreflektiert übernommen wird oder klar ist, was man dadurch erfahren möchte. Man merkt oft nicht, dass Fragen einfach aus einer Gewohnheit eines Milieus heraus gestellt werden, oder man hat einfach keine andere Idee, was man stattdessen fragen sollte.

Beziehungswirklichkeiten

Wichtig am Berne'schen Ansatz ist, dass er sich viel mit Beziehung beschäftigt. Menschen gestalten Beziehungs-Wirklichkeit aufgrund der Intuitionen über einander und aufgrund der inneren Strebungen, bestimmte Wirklichkeiten und Beziehungskonstellationen zu entwickeln. Berne hat sich als Psychiater vorrangig mit den problematischen Aspekten von Beziehungsverhalten beschäftigt. Menschen zetteln miteinander sogenannte Psychospiele an, um problematische Lebensabläufe miteinander komplementär zu leben. Diese Pathologieorientierung hat mit der Berufsorientierung von Berne als Psychiater zu tun. Die Grundidee, dass Menschen zusammen Wirklichkeit inszenieren, und dass das etwas mit ihrer intuitiven Wahrnehmung von anderen zu tun hat, ist eine sehr hilfreiche Betrachtung, auf die ich in meiner Arbeit bis heute gerne zurückgreife. Dabei kann auch das positive Ineinandergreifen von Wirklichkeiten als komplementäres und kreatives Autorentheater betont werden.

Bezugsrahmen

Berne hat auch gelehrt, die kommunikativen Schritte, über die Wirklichkeit und Beziehung inszeniert werden, sehr sorgfältig zu studieren. Und er hielt es für wichtig, wie in einer Anfangssituation (Initialphase), oft schon eine „Miniatur" der zu erwartenden Wirklichkeit beobachtet werden kann. Dafür einen besonderen Sinn zu entwickeln, wird in der TA gelehrt. Berne hat stets Bezugsrahmen im Blickfeld gehabt. Auf welche Wirklichkeitsvorstellungen lässt Verhalten und Erleben schließen? Über welche Strategien und Kommunikationsschrittfolgen werden diese Wirklichkeiten inszeniert? Wie spielen Kommunikationspartner dabei zusammen, oft ohne bewusste Wahrnehmung? Wirklichkeit wird stets im Kleinen und Konkreten erzeugt. Aneinandergereiht und aufeinander bezogen wird damit ein Lebensentwurf realisiert: das Lebensskript bzw. das Lebensdrehbuch.

Lebensdrehbuch

Berne hat - auch wieder sehr einschränkend - angenommen, dass dieses Drehbuch bereits in früher Jugend gebildet wird und elterliche Einschränkungen hier eine große Rolle für darin enthaltende Restriktionen spielen. Andere Autoren, wie z.B. Fanita English sagen, dass es eine allgemeine Fähigkeit und ein Bedürfnis eines jeden sei, einen Entwurf für sein Leben zu machen - im Positiven wie im Negativen. Natürlich sind der Einfluss der Eltern und des Milieus sowie die eigene Geschichte wichtige Bezugsgrößen für einen solchen Entwurf. Allerdings kann dieser zeitlebens kreativ weiterentwickelt werden. Ohne solche Entwürfe würden wir einen dramatischen Sinnverlust erleiden. Es sollte also nicht darum gehen, das eigene Lebensskript loszuwerden (das kann ja nur in einem destruktiven Zusammenhang sinnvoll sein), sondern darum, das gelebte Lebensdrehbuch zu identifizieren und zu prüfen, ob es wirklich zu einem passt. Die Idee ist, dass man jene Merkmale eines Lebensskriptes, die nicht zu einem passen, identifizieren kann und entsprechende Dynamiken, aus denen heraus man ihnen folgt, loszulassen lernt. Man bildet und verwirklicht dann eine andere innere Ausrichtung und einen zeitgemäßen Lebensentwurf. Dabei ist der Glaube wichtig, dass man sein eigenes Schicksal in einem bestimmten Rahmen schöpferisch gestalten kann.

Überdies sollte man vielleicht Lebensentwürfe mit denen anderer Menschen abstimmen und dazu beitragen, dass auch sie ihre Entwürfe auf eine erlöste Weise verwirklichen können.

Hypnotherapie -Milton Erickson

Ich berichte nun über den Psychiater **Milton Erickson,** der als *Hypnotherapeut* legendär wurde, unter anderem durch spektakuläre Geschichten und Stories. Mich beeindruckt an ihm insbesondere, wie er mit den unverwechselbaren Eigenarten des Gegenübers und mit Kulturwissen kreativ arbeitete. Er selbst erkrankte zwei Mal in seinem Leben an Polio. Ich habe ihn 1979 kurz vor seinem Tod in Phoenix/Arizona kennengelernt, als er bereits äußerlich sehr gehandicapt war (Rollstuhl, farbenblind, Lippen teilweise gelähmt). Da sonst oft das Technische seines Könnens im Vordergrund steht, möchte ich mein Berührtsein durch seine schlichte und liebevolle Ausstrahlung hervorheben.

Erickson hat seine Ideen gelebt und genial demonstriert. Psychotherapie war für ihn keine Sache allein der Psychotherapeuten-Stube. Er betrieb Psychotherapie wo immer es ihm sinnvoll erschien und ging z.B. damals schon mit Angst-Patienten in Fahrstühle, Kneipen und Ähnliches.

Teaching mit Erickson

Milton Erickson lehrte, als ich ihn kennenlernte, so, dass eine kleine Gruppe mit ihm in einem Kreis saß. Er wurde im Rollstuhl hereingefahren und bekam viele Clip-Mikrofone umgehängt. Dabei sah er wie ein freundlicher Bauernbub aus, der schon etwas gealtert war. Seine Stimme hatte, was die Aufforderung in Trance zu gehen betrifft, geradezu magische Qualitäten. Er lehrte keine Konzepte, sondern erzählte ausschließlich Stories, Beispiele oder arbeitete mit Demonstrationen. Wenn man analytisch-klärend nachfragte, so sagte er: „Oh, this leads me to another story!" Dann erzählte er die nächste Story und man kratzte sich innerlich am Kopf und fragte sich: Was hat das mit meiner Frage zu tun? Damals war ich eher auf der Schiene, mich vieler Wirklichkeiten durch Erklärung und Methodenkenntnisse bemächtigen zu wollen. Dabei fragte ich ungefähr so: „Ich als Transaktionsanalytiker mache es so und so. Worin bestehen Zusammenhänge und der Unterschied zu Deinem Vorgehen?" Darauf Erickson: „Oh, this leads me to another story!" Diese Story schien mir dann ziemlich genau die gegenteilige Aussage wie die letzte Story zu haben. Danach wusste ich genau, was passieren würde, wenn ich nachhaken würde: „Zuerst hast du hier so etwas erzählt und nun hast du es aber anders erzählt und so weiter." Darauf würde nur wieder folgen: „Oh, this leads me to another story!" So war Erickson.

Erickson-Stories

Da gibt es die Story wie er einen Alkoholiker „heilte". Erickson hatte ihn eingeladen: "Whenever you want a „change", come and visit me!" Eines Tages kam besagter Alkoholiker also „angeschlappt", wie das so üblich ist, ohne Termin morgens um elf Uhr. Er klingelte und Mrs. Erickson öffnete die Tür, da Mr. Erickson sich gerade noch in einem Gespräch befand. Als Erickson dieses beendet hatte, ging er zu dem Alkoholiker, der draußen im Hof saß und der ein Glas Wasser bekommen hatte. Erickson sah ihn an und sagte: „Okay, gib mir deine Stiefel! Solange du hier bist, bekommst du zu essen und zu trinken. Und hier ist eine Decke." Wer einmal in Arizona war, der weiß, dass jedes Entkommen ohne Stiefel aussichtslos wäre, weil der Boden dafür zu heiß ist. So blieb der Alkoholiker drei Tage bei ihm auf dem Hof, saß auf seiner Decke, bekam zu essen und zu trinken und dachte über sich nach. Anschließend erhielt er seine Stiefel zurück und das war es dann. Dazu sagte Erickson: „Manchmal ist alles was du tun musst, um einem Menschen eine Chance zu geben, z.B., dass Du seine Stiefel für drei Tage in Besitz nimmst."

Noch eine Story: Erickson verlangte von jedem, der bei ihm in die Lehre ging, also auch von mir, bestimmte Orte zu besuchen. Er tat dies stets sehr indirekt, indem er erzählte, dass es sehr interessant sei, sich diese Orte anzusehen. Drei Tage später fragte er dann: „Have you been there?" War man dann noch nicht dort, fragte er weiter: „What is your excuse?" Damit machte er sehr deutlich, dass indirekte Suggestionen bei ihm absolut verbindlich waren.

Eine Aufgabe bestand daraus, den Hausberg in Phoenix, den Squaw Peak zu besteigen. Außerdem sollte man in den Desert Botanical Garden gehen und ins Anthropologische Museum. Interessant dabei war, dass er diese Aufgaben als Metaphern nutzte. Denn wenn man auf dem Squaw Peak steht und auf Phoenix herunterschaut, sieht alles ganz anders aus.

Ein beeindruckendes Erlebnis hatte ich im Desert Botanical Garden. Ich fuhr ca. 30 Meilen durch die Wüste dorthin, stellte mein Auto auf dem ausgewiesenen Parkplatz ab und suchte nach den Gewächshäusern, die ich dort erwartete. Es gab noch andere Leute, die offenbar auch danach suchten. Aber es war nichts zu erkennen. Ich konnte mir nicht vorstellen, dass er so weit vom Parkplatz entfernt sein sollte, da die Amerikaner als gehfaul galten. Irgendwann senkte ich meinen Blick und entdeckte eine sich am Boden schlängelnde Kaktee. In diesem Moment dämmerte es mir: Ich stand mitten im Desert Botanical Garden. Das war eine ganz andere Art von Botanischem Garten als ich es mir vorgestellt hatte. Da gab es nur Kakteen, die ganz flach am Boden rankten. Um ehrlich zu sein, fand ich es ziemlich „popelig", nun das vorzufinden, anstelle dessen, was ich offenbar erwartet hatte. Aber es gibt eben kein Wasser in Arizona. Mir ist durch dieses Erlebnis klar geworden, dass in einer jeden Kultur ein solcher Garten etwas ganz anderes ist. Es hat mir schlagartig verdeutlicht, was Erickson damit meinte, wenn er sagte: "Du kannst einen Menschen nicht therapieren, wenn Du nicht sorgfältig die Kultur mitstudierst, aus der heraus er lebt und Dir begegnet." Oder: „Glaube nie zu wissen, in welcher Kultur sich der Andere befindet, sondern versuche, Dir immer wieder neu davon ein Bild zu machen." Diesen Kulturbegegnungsansatz vertrete ich bis heute.

Das Aufsuchen des anthropologischen Museums diente übrigens dazu, das Verständnis für die Entwicklungsgeschichte Amerikas zu verbessern. Immerhin leben dort viele Völker zusammen, die alle ihren Reichtum haben. Jede gegenwärtige Kultur sollte ein gewisses Bewusstsein entwickeln, wo sie ihre Wurzeln hat und wer ihre Vorgänger waren. Im Anthropologischen Museum wurde man mit den sehr verschiedenen Kulturverständnissen der Indianer und der Völker, die in Amerika zusammen kommen, vertraut gemacht. Man konnte sozusagen im Vorbeigehen ein wenig davon lernen, wie wichtig Kulturverstehen für die Beeinflussung von Menschen ist. Man muss verstehen, was dem anderen wichtig ist, will man für den anderen wichtig werden. Dazu gibt es wieder eine Beispielgeschichte.

Erickson wurde einmal zu einer schwer krebskranken Frau gerufen. Da sie durch die damals verfügbaren Anästhetika nicht schmerzfrei gemacht werden konnte, schrie sie nur noch und war durch Kommunikation nicht erreichbar. Man fragte Erickson, ob er mit Hypnotherapie helfen könnte. Aber auch er konnte durch Sprechen keinen Zugang zu ihr finden. Deshalb erkundigte er sich, welcher Volksgruppe sie angehörte. Es war eine Zuwanderervolksgruppe, die als außerordentlich prüde galt. Des Weiteren fragte er, ob diese Frau eine Tochter habe und wenn ja, so solle diese doch bitte kommen. Er vereinbarte mit der Tochter ein kleines Event. Sie war damit einverstanden, da es ja darum ging, die Schmerzen der Mutter zu lindern. Vor dem Bett der Mutter wurde ein Tisch aufgestellt und die Tochter sollte sich darauf stellen. Anschließend ging Erickson hin, fasste ihren Rock und hob diesen langsam an. Die Mutter schrie und war ganz außer sich. Als Erickson in den entscheidenden Höhen angelangt war, starrte sie entsetzt auf dieses absolut empörende Ereignis und verstummte. Daraufhin stellte Erickson die Mutter vor die Wahl: Entweder ich mache weiter oder du gehst in Trance? Sie zog es vor, in Trance zu gehen. Es gelang ihm also, sie auf diese Weise zu erreichen. Als Konsequenz daraus sollte man sich merken: „Sieh zu, dass du verstehst, was dem anderen heilig ist!

Miltons Welt

Erickson stellte fest, dass die Menschen gewohnheitsmäßige Vorstellungen davon entwickeln, wie die Welt ist. Ebenso gewohnheitsmäßige Lösungswege, derer sie sich reflexhaft bedienen. Menschen versuchen neue Situationen normalerweise zunächst mit einem überschaubaren Repertoire bewährter Gewohnheitslösungen zu beantworten. Dazu ist anzumerken, dass Gewohnheiten durchaus angenehm sind, da sie das Leben vereinfachen und Beständigkeit herstellen, an den Stellen, an denen Variation nicht angesagt ist. Doch bereiten Gewohnheiten oft auch das Gefühl, man habe eine Lösung, wenn man genau genommen keine mehr hat. Gewohnheiten können auch kreative Teile der Persönlichkeit lähmen. Dies wird oft dadurch verschleiert, dass sie mit dem Habitus von „erfahren" oder „modern" daherkommen.

Kreative Kommunikation

Auch Hypnose kann schematisch und gewohnheitsmäßig werden. Ich habe von Erickson gelernt, Hypnose als eine Sonderform der kommunikativen Beeinflussung, des Gestaltens von Wirklichkeit durch Kommunikation zu betrachten. Hypnose meint letztlich Fokussierung der Aufmerksamkeit. Für alle *Kommunikationsberufe* ist daher interessant, was man aus der Hypnose über Kommunikationsfertigkeiten lernen kann. Die Phänomene, die dabei wichtig sind, sind überall relevant. Kreative Kommunikation gestaltet kreative Wirklichkeit. Dem Erickson'schen Konzept folgend, sind die Kommunikationsfertigkeiten, die durch Beschäftigung mit Hypnotherapie entwickelt werden, das Wesentliche.

Ich lerne zu verstehen, wie sich ein anderer Mensch in seiner Lebensweise, wie in seiner Kommunikation, organisiert. Dabei logge ich mich bewusst und intuitiv bei diesem Menschen ein und beginne mitzuschwingen bzw. selbst Akzente zu setzen, um den anderen beim eigenen *Steuerungsprozess* zu unterstützen. Dadurch werde ich ein Stück Co-Dramaturg seiner *Erlebnisgenerierung* und Kommunikationssteuerung.

Erickson sagt: Bis der Mensch erwachsen ist, hat er eine so unglaubliche Fülle an Lernvorgängen hinter sich (gesammelt), dass er praktisch für alles, was auf ihn zukommt, Grundfiguren der Lösungen in sich trägt, wenn er sich nur daran erinnert und wenn diejenigen Teile der Seele aktiviert werden, die an diesen Lösungen gearbeitet haben.

Er ging also davon aus, dass der Mensch in sich ein großes kreatives Repertoire vorfindet, wenn er sich innerlich darauf ausrichtet und sich nicht zu schnell mit konventionellen Lösungen und gewohnheitsmäßigen Prozessen betäubt. Am leichtesten lässt sich diese Kreativität durch Menschen hervorrufen, die selbst kreativ sind. Eine gelungene beraterische Beziehung hat viel damit zu tun, dass der Berater sich selbst nicht im Konventionellen aufhält, auch wenn er auf Erfahrungen zurückgreift. Trotz Nutzung von Mustern, die er schon erfolgreich angewandt hat, nähert er sich einem Problem jedes Mal wieder neu, spezifisch, situativ und lösungsorientiert. Dadurch kann ein Klima entstehen, das im anderen dieselben Teile seiner Persönlichkeit und die entsprechenden Lösungsmodalitäten aktiviert. Das funktioniert nur, wenn Change Agents, egal welcher Profession sie angehören, selbst nicht konventionell arbeiten. Sie sollten im Grunde jedes Mal, wenn auch unter Verwendung bekannter Elemente, eine neue Beratung erfinden.

Concious mind und unconcious mind

Für Persönlichkeit verwendet Erickson ein schematisch einfaches und prozessorientiertes Modell. Er hat generell unterschieden zwischen *concious mind* und *unconcious mind*. Ich verwende die englischen Begriffe, weil ihre Übersetzungen ins Deutsche falsche Assoziationen auslösen. Sie sind auf keinen Fall mit Bewusstsein und Unterbewusstsein zu übersetzen, erst recht nicht im Freudianischen Sinne! Ich übersetze concious mind mit *Gewohnheitsgeisteshaltung* oder *Gewohnheitswirklichkeit*, also die Schemata, die jemand aus der Gewohnheit heraus entwickelt und aktiviert. In Fällen, in denen sie eher ein Hindernis als eine Lösung darstellen, sollten sie außer Kraft gesetzt werden.

Mit Freude habe ich festgestellt, dass auch *Gunter Schmidt* meine Übersetzungen übernommen hat.

Unconcious mind übersetze ich mit *kreative Geisteshaltung* oder *kreative Wirklichkeit*. Das kann auf einer intellektuellen, emotionalen, bewusst-methodischen oder unbewusst-intuitiven Ebene sein/stattfinden. Das Entscheidende daran ist, dass neu hingesehen und neu verstanden wird sowie dass neue Wege gegangen, auf neue Weise Ressourcen und Erfahrungen, die bereits vorhanden sind, aktiviert, kombiniert und integriert werden. So muss nicht auf die sich wiederholende, x-fach gelebte, sichtlich die Situation nicht klärende Gewohnheit zurückgegriffen werden. Es geht darum, dem unconcious mind mit seinem schöpferischen Zugang zur Wirklichkeit Gestaltungsraum zu verschaffen.

Suggestion – direkt und indirekt

Der Begriff Suggestion wird oftmals mit Irritation zur Kenntnis genommen, so als würde ein böser Magier ein Opfer in eine Wirklichkeit treiben, in die es nicht hinein will. Dabei bedeutet „etwas suggerieren" eigentlich nur einen Wirklichkeitsvorschlag machen.

Man kann eine direkte Suggestion vornehmen, indem man sagt: „Schau mal, das ist meine Wirklichkeit. Wie findest Du sie/das? Mach doch mit! Ich befehle, empfehle, rate Dir, es doch so zu machen und schau es Dir doch so an, wie ich es Dir anbiete." Das ist die *direkte Suggestion*, die sehr hilfreich sein kann, insbesondere in manchen autorisierten Verhältnissen, wie z. B. in Führungsbeziehungen. Aber oftmals ist die *indirekte Suggestion* viel wirksamer. Das heißt man koppelt sich an das andere System an und streut Ideen bzw. gibt Ideen vor, die von dem Anderen als Wirklichkcitsvorschläge adoptiert und schließlich selbst verwirklicht werden. Jemanden in Trance versetzen (Trance-Induktion), ist genaugenommen eine Einladung zur Selbstinduktion. Wenn jemand in Trance geht, dann ist das eigentlich eine Selbstsuggestion, angeregt durch einen Suggestionspartner.

Wenn Erickson Hypnose einsetzte, so blieb er meistens bei der indirekten Suggestion. Er gab keine Anweisungen, die der andere dann befolgen sollte, sondern beschrieb über Metaphern Prozesse, die er anregen wollte. Diese schilderte er oder bot sie zur Disposition an, so dass der Andere kreativ wählen und die Idee vielleicht auf einer ganz anderen Ebene aufnehmen konnte, um für sich daraus eine Lösung zu konfigurieren.

Direkte Suggestion hört sich in der Trancearbeit z.B. so an: „Du spürst nun, dass deine Hand leichter wird. Sie wird leichter und leichter und du kannst beobachten, dass sie sich jetzt gleich hebt". Es ist schön, wenn das dann auch passiert, aber verderblich für meine Autorität, wenn es nicht passiert. Die Instanz im anderen, die von meiner Wirklichkeitskompetenz überzeugt werden soll, sagt sich dann: „Der hat keine Ahnung. Bei mir tut sich nichts." Das ist das Problem mit den direkten Suggestionen. Sie sollten nur verwendet werden, wenn eine gewisse Sicherheit vorhanden ist, dass sie an dieser Stelle tatsächlich wirksam sind und den kürzesten Weg darstellen.

Ansonsten empfehlen sich *indirekte Suggestionen*. Eine indirekte Suggestion hört sich an dieser Stelle etwa so an: „Letztlich weiß man nicht, ob sich da eine Hand hebt. Kann sein, kann aber auch nicht sein. Aber wenn es bei dir passieren sollte, dann wäre es vielleicht interessant, ob es eher links oder rechts anfängt. Man spürt es an so einem kleinen Unterschied, ohne gleich auf die Idee zu kommen, dass das der Anfang davon sein könnte. Das erinnert mich daran, dass ich als Kind sehr fasziniert von

Kränen war. Ich beobachtete sie an der Baustelle, wie sie mit ihren langen Armen schwere Lasten trugen und bewegten, ohne dass es jemanden Mühe kostete oder ohne, dass man überhaupt sehen konnte, was den Kran steuerte und bewegte. Das Interessante dabei ist, dass auch, wenn man gar nicht hinschaut, sich diese Last weiter hebt, obwohl man keine Aufmerksamkeit mehr darauf richtet."

Die Idee dabei ist immer: heben, heben, heben und das ohne Anstrengung und ganz von selbst. „Die Welt ist voll von sich hebenden Dingen. Warum also nicht auch der Arm? Im schlimmsten Fall, denkt der andere: „Interessante Story, die er da erzählt. Nur schade, dass bei mir nichts passiert." Aber die Autorität ist dadurch nicht untergraben.

Trance und Intuition

Auf die Frage, was Trance ist, bleiben klassische Definitionen unbefriedigend. Letztlich meint es Aufmerksamkeitssteuerung mit Konsequenzen für Wirklichkeit. Meist wird Außenweltwahrnehmung vermindert oder auf bestimmte Kanäle beschränkt. Dafür wird Innenorientierung gefördert, möglichst jenseits der gewohnten Reflexe und empfänglich für neue Impulse. Es gibt ein paar technisch-praktische Phänomene, die normalerweise mit Trance assoziiert werden, zum Beispiel die Handlevitation. Gemeint damit ist die unwillkürliche Handhebung im Gegensatz zum absichtlichen Heben einer Hand. Solche automatischen Handhebungen können durch entsprechende Botschaften induziert werden wie oben unter Suggestion illustriert wurde.

Das Wichtigste ist nicht die Methodik, sondern eine innere Bereitschaft, dass es geschehen kann. Methodik ist nur an der Oberfläche und macht nur einen kleinen Teil der entstehenden hypnotischen Atmosphäre aus. Sie ist nicht das Entscheidende. Es gibt hier viel zu viel Methodengläubigkeit. Selbstverständlich funktioniert es auch mit Methoden, doch sind diese austauschbar. Nicht austauschbar ist die Fähigkeit, andere sprachlich und atmosphärisch in eine Innenorientierung und erzählerische empfängliche Haltung einzuladen. Methoden müssen hauptsächlich günstige Haltungen transportieren.

Kommunikation und Körper

Wenn man die Heldenstories um Erickson abzieht, bleibt die einfache Grundannahme, dass viel Selbstorganisation - auch des Körpers bzw. der körperlichen Kultur - durch Kommunikation beeinflussbar und durch Bilder direkt und indirekt steuerbar ist. Das zeigt sich in Experimenten, in denen z.B. jemandem suggeriert wird, er würde sich verbrennen, und es bildet sich eine Brandblase o. ä. Der *Körper* ist also auch ein kreativer, *Wirklichkeitsschaffender Organismus*, der nicht nur reaktiv auf tatsächliche Ereignisse reagiert, sondern der auch ideengesteuert körperliche Wirklichkeit erfindet. Bei entsprechenden Forschungen hat man festgestellt, dass man über Hypnose Endorphin-Freisetzung im Körper, also die Selbstbetäubung durch körpereigene Opiate aktivieren kann, wie durch eine Morphiumspritze. Eine solche Spritze ist so gesehen eine Art, den Körper anzuregen, sich selbst zu betäuben, eine Kommunikation mit physikalischen Mitteln. Das kann auch über kommunikative Anregung geschehen. Wenn man diese Wechselwirkung erst einmal für möglich hält, versteht man auch, dass man Menschen gesund und krank reden kann, und dass Bilder und Erfahrungen dies auch bewirken können. Es wundert einen dann nicht, dass man Familienkonstellationen von bestimmten, auch körperlichen Störungsbildern her simulieren kann und manche Spieler nach einer Weile entsprechende Symptome bekommen. Menschen scheinen also prinzipiell in der Lage zu sein, ein (nicht immer ganz bewusstes) Bild von dem, was jetzt ist, bis in die Körperlichkeit hinein inszenieren zu können.

NLP – Bandler und Grinder

Jetzt möchte ich noch auf NLP eingehen (Neurolingu-
istische Programmierung oder neuerdings Neurolinguisti-
sche Selbstorganisation), eine didaktische Aufbereitung
des Kommunikationswissens von Erickson und auch z.B.
der legendären Familientherapeutin Virginia Satir. Richard
Bandler und John Grinder haben deren Arbeiten und die
von Fritz Perls studiert. Ein Computerfachmann und ein
Linguist versuchten die Logik ihrer Sprache und die dazu-
gehörigen Beeinflussungsmodalitäten in einer Didaktik
zusammen zu bringen. Sie wollten herausfinden, was denn
die erklärbare Magie ihrer Vorgehensweisen ist. Die ersten
Bücher hießen deshalb "Structure of Magic I und II" und
"Pattern of Hypnotic Technics of Milton Erickson I und
II". Sie haben eine ganz erstaunliche Didaktik entwickelt,
die einige wichtige Grundideen enthält.

Erlebniseinheiten

Erlebnisse bestehen aus *Erlebniseinheiten*. Gemeint ist
ein zusammengehöriges „Bild" entlang der fünf Sinne
(Bild, Ton, körperliche Eindrücke sowie das Riechen und
das Schmecken). Weil immer alle Sinne wach sind, gehören zu einer vollständigen Erlebniseinheit, sofern sie sich
auf reale Erlebnisse bezieht, im Grunde gleichzeitige Re-
präsentanzen in diesen fünf Kanälen.

Menschen kann man nun darauf hin beobachten, welche Kanäle sie bevorzugen und diese absichtlich nutzen,
wenn man sie „ansprechen" will. Jemand, der mehr in
Bildern spricht, sollte mehr auf der visuellen Ebene ange-
sprochen werden. Dann passen die Kanäle, auf die sich

die Kommunikation bezieht zusammen, eine technische Passung sozusagen. Oft sind Erlebnisse nur in wenigen Kanälen bewusst verfügbar, sollen aber ganz präsent gemacht werden, sich zu einer vollen Erlebniseinheit entfalten. Um jemandem, der zunächst Bilder sieht, zu einer vollständigen Erlebniseinheit zu verhelfen, baut man die fehlenden Sinneskanäle von den vorhandenen her Schritt für Schritt auf, nimmt also z.b. erst ein Bild, dann den Ton, und schließlich das Gefühl dazu. „Während Du Deinen Chef vor Augen hast, hörst Du den Klang seiner Stimme. Wenn Du ihn so siehst und hörst, spürst Du Dich, Deine Körperhaltung, Deine Empfindungen und spürst, welche Gefühle in Dir sind." Manchmal kann man darüberhinaus solche Situationen geradezu riechen und schmecken." Man nennt dies *Überlappungstechnik*.

Erzeugte Wirklichkeit

Wirklichkeit ist nicht objektiv, sondern durch ein Individuum erzeugt, auch wenn es dabei Außenwahrnehmungen verarbeitet. Wirklichkeit wird komponiert mit die Sinnesorgane betreffenden Inszenierungsmöglichkeiten. Dabei können sich Input von außen aber auch aktivierte Konserven und kreative Ideen von innen zu einem Gemisch von erlebter Wirklichkeit fügen. Innen und außen vermischen sich zu Stories. Bewusstheit über die Kanäle und das „sortieren" von Erlebniseinheiten kann für das Verstehen eigener Wirklichkeiten wichtig werden, wenn Vermischungen zu Orientierungsschwierigkeiten führen. Man kann einem Gegenüber dabei hilfreich sein, wenn dieser nicht merkt, dass zu einer berichteten Situation ein Bild aus anderen Bereichen seines Innenlebens wach wird, welches vielleicht Gefühle erklärt, die er der aktuellen Situation zugeordnet hat. NLP-Beobachtungen können also hilfreich sein, Wirklichkeitserzeugung zu studieren, dabei unbewusste Komponenten und Vermischungen zu identifizieren und mit Alternativen zu experimentieren. Durch Beobachtung von *Augenbewegungsmustern* kann man Hinweise über die aktiven Sinneskanäle bekommen. Darauf aufbauend wurde eine umfangreiche Kommunikationslehre entwickelt.

Pacing und Leading

Technisch wird Kommunikationsbeeinflussung aufgegliedert in *Pacing and Leading*. In einer Metapher dargestellt: Eine Pferdekutsche fährt einen Weg entlang, der auf Abwege führt oder gar gefährlich ist. Der Kutscher ist allerdings überzeugt von seinem Weg und folgt der eingefahrenen Spur. Wenn du, als eigentlich Fremder, ihn von seinem Schicksal abbringen willst, dann gehst du nicht hin und ziehst seitlich an der Kutsche oder am Pferd. Wer sich mit Pferden auskennt, weiß, dass man möglichst nicht von vorne auf die Pferde zugeht, denn das könnte unerwartete Reaktionen auslösen. Besser begibst du dich neben das Pferd, gehst ein Stück mit ihm, tätschelst es, nimmst Kontakt zum Kutscher auf und findest dich ein in den Rhythmus und in die Art und Weise der Bewegung. Pacing! Erst wenn sie dich als einen Weggefährten akzeptierten, vielleicht sogar als orientierungsgebenden Bestandteil ihrer Wirklichkeit, beginnst du langsam die Wegführung zu verändern. Leading! Das ist die leichte Art Einfluss zu nehmen.

Bei Pacing und Leading geht es darum, sich in irgendeiner Weise anzukoppeln, sozusagen als Voraussetzung dafür, dass man Einfluss auf das System nehmen kann. Erst wenn einem das System Autorität verleiht bzw. bevollmächtigt in Sachen Wirklichkeit, bekommt man Einfluss. Das System ist dann eher bereit, einen vorgeschlagenen Weg zu gehen und die Wirklichkeiten in sich zu erzeugen, die der andere suggeriert.

Das Pacing und Leading ist ein gutes Grundmodell, sollte aber auch wieder nicht zum Gewohnheitsschema werden. Manchmal kann man gleich mit Leading anfangen. Schon allein durch eine innovative Idee, die den anderen sofort ergreift, kann wirksames Ankoppeln gelingen. Dazu muss man nicht unbedingt erst in seine Wirklichkeitsgewohnheiten einsteigen. Werden gewohnte Bahnen zu viel bestätigt, können sie Plausibilität und Beharrung erlangen, in denen sich der Beeinflusser von außen verfängt. Jemanden von vornherein durch Inspiration in Bewegung bringen, kann da leichter sein und auch Bindung erzeugen. Zum Leading gehört jedoch immer, den anderen irgendwie einzubinden und eingebunden zu halten. Monitoring der Kopplung bzw. der Bindung ist für jede wirksame Kommunikation essentiell.

Auch dabei muss man sich nicht nur auf Technik verlassen. Entscheidend ist, dass gemeinsame schöpferische Wirklichkeitsentstehung zustande kommt.

Mapping

Mapping ist ebenfalls ein Begriff aus der NLP: Es können Landkarten angefertigt werden, aufgrund derer Menschen ihre Wirklichkeit abbilden. Diese Landkarten können verändert, anders aufgerufen oder anders gezeichnet werden. Erleben und Verhalten lassen sich dem zufolge als spontane oder eben neu zu entwickelnde Strategien beschreiben. Diese entstehen nicht zwangsläufig, sondern sind die Folge einer inneren Architektur von Wirklichkeit, weshalb über Veränderungen der Landkarten Einfluss auf sie genommen werden kann, und zwar schon während ihrer Entstehung. Interessant daran finde ich, dass man Wirklichkeit nicht wie ein Naturereignis hinnimmt, sondern als Folge von Erlebnisstrategien und -mustern betrachtet. Diese können vorab erfragt werden, sozusagen in einer Regiebesprechung, um durch Kommunikation bereits in ihren Frühstadien kreativen Einfluss auf sie zu nehmen. Das unterscheidet sich deutlich von der Grundidee der psychoanalytischen Behandlung, bei der davon ausgegangen wird, dass Übertragungsneurosen erst einmal in voller neurotischer Entfaltung mit dem Therapeuten entstehen müssen, um sie dann durcharbeitend analytisch behandeln zu können.

Prozess statt Inhalt

In der NLP-Ausbildung haben wir gelernt, was „rein prozessorientiert arbeiten" heißen kann. Ich kann mit dem anderen rein auf der Musterebene arbeiten, ohne überhaupt zu erfahren, worin sein Problem inhaltlich besteht. Dass so etwas geht, war für uns Inhaltsfixierte eine Provokation und eine didaktische Herausforderung. Das klang z.B. so: „Denken Sie an den Problembereich, der Sie so beschäftigt. Da gibt es Situationen, in denen es besonders schwierig wird. Aber es gibt auch Situationen, die mit dem Problem zu tun haben, mit denen Sie sehr gut zurechtgekommen sind." So adressiert man eine innere Steuerung, die untersucht, welche innere Instanz unter welchen Umständen und wie gut mit Problemsituationen zurechtgekommen ist. Die Folgefrage lautet: „Welche Hilfestellung benötigt die Steuerung für die Instanz, bei der es schwieriger läuft?" Vielleicht bedarf es weiterer Instanzen oder es entstehen Bilder, bei denen ein Loslassen von alten Mustern oder der Wechsel zu neuen möglich wird.

Reframing & Collapsing Anchors

Reframing und Collapsing Anchors repräsentieren zwei Varianten positiver Störung und Weiterentwicklung von Erlebnismustern.

Collapsing Anchors

Manchmal aktivieren Menschen gewohnheitsmäßig Negativreaktionen, wie z.b. Erstarrung oder Angstreaktionen. Dies kann durch „Löschung" dieser Reflexe bzw. ihrer Aktivierung wieder aufgelöst werden. Spontan passiert so etwas, wenn z.b. in einer bedrückenden Situation plötzlich etwas Lustiges passiert, das herzhaftes Lachen auslöst. Möglicherweise wird dadurch „ein Programm der Bedrückung" dauerhaft gestört, weil es durch die gleichzeitige Lacherfahrung umprogrammiert wird. Das funktioniert nur, wenn das „Problemprogramm" keine Funktionen für aktuelle Anliegen hat, sondern nur noch reflexhaft aktiviert wird. Dann kann es durch findiges Kollabieren des Auslöse- und Funktionsmechanismus außer Wirkung gebracht werden.

Reframing

Hat ein schwieriges Programm noch eine wichtige Funktion in der aktuellen Persönlichkeitsorganisation, so kann seine Löschung kaum gelingen oder Folgeprobleme erzeugen. Deshalb müssten zuerst für das Problem, das damit verwaltet wird, neue Lösungen entwickelt werden. Hier empfiehlt sich *Reframing*. Man versucht zu verstehen, welche Anliegen durch das problematische Muster versorgt werden sollen und erarbeitet dafür eine neue Variante. Das hört sich z.B. so an: „Angenommen, das Problemmuster würde wegfallen, welche Fragen sind dann in der Folge ungelöst? Kannst Du dafür sorgen, diese Fragen auf andere Weise zu beantworten? Würdest Du dann auf das Problemmuster verzichten können?" Ein *future check* gibt anschließend Hinweise, ob jetzt das schwierige Muster ohne schädliche Nebenwirkungen verabschiedet werden kann: „Angenommen, Du verzichtest auf die Aktivierung des Problemmusters und findest einen neuen Umgang mit dem Anliegen, das damit versorgt wird, gibt es dann noch ein unversorgtes Problem? Oder kann das Problemmuster gelöscht werden?" Wenn ja, sind wieder Vorgehensweisen wie beim collapsing anchors gefragt.

Funktion von Symptomen

Die Unterscheidung, ob nur eine übriggebliebene Gewohnheit aktiviert oder ein aktuelles Anliegen verwaltet wird, ist wichtig. Entweder man denkt, dass ein zu beseitigendes Gewohnheitsrelikt unnötig einrastet, und man weiß nicht, wo der Schaltknopf zu finden ist. Oder man denkt, dass ein aktuelles Anliegen verwaltet wird, das besser versorgt werden müsste. In beiden Richtungen kann falsch gearbeitet werden. Manchmal wird endlos analysiert, wobei ein einfaches Collapsing Anchor von zwanzig Minuten gereicht hätte. Oder man versucht durch Lösch-Techniken ein Symptom loszuwerden, ohne zu fragen, welches Problem mit diesem symptomatischen Verhalten gelöst werden soll.

Manchmal wird unterschätzt, welche Automatik Gewohnheiten auch nach der Entwicklung neuer Muster haben können. Oft muss zur Stabilisierung neuer Muster eine zusätzliche Umgewöhnung oder ein Löschen alter Muster angeleitet werden. Wenn jemand bspw. trinkt, um so bestimmte Themen in seinem Leben zu verwalten, dann kann zwar gesagt werden, „Ok, wir finden jetzt eine neue Lösung für diejenigen Probleme, zu deren Verwaltung er getrunken hat", und wir erwarten, dass sich das Problem mit dem Trinken dann reguliert. Es kann aber auch sein, dass das Trinken bleibt, da es schlicht eine Suchtgewohnheit geworden ist und die Suchtgewohnheit bzw. die Abhängigkeit separat behandelt werden muss. Dies geht oft nur durch Entzug/Entwöhnung, da der Organismus sich an die Droge gewöhnt hat und in eine Abhängigkeit geraten ist.

Gewohnheitslöschung und neue Problemlösungen müssen gleichermaßen versorgt werden und es ist nicht immer leicht zu beurteilen, um was es sich genau handelt und was es bedarf.

NLP-Techniken

Kompetenzerwerb aus NLP-Perspektiven kann sehr hilfreich sein, z.B. um einen bewussten Umgang mit Sprache zu entwickeln. Denn oft behindern wir uns dadurch, dass wir durch schlampigen Sprachgebrauch Beziehungen belasten oder ungeeignete Wirklichkeiten erzeugen. Dann müssen Folgeprobleme bewältigt werden, die man sich hätte sparen können. Es gibt viel zum Thema Sprache zu sagen, was bei einer so kurzen Abhandlung nicht berücksichtigt werden kann. In jedem Fall lohnt sich auch heute noch Structure of magic (deutsch: Metasprache und Psychotherapie)[3] zu lesen, wenn man Kommunikationsvirtuose werden will.

Dennoch bleibt fraglich, in welchem Maße es bei begrenzten Ressourcen sinnvoll ist, Kommunikationstechnik zu trainieren. Ist ein Berater in seiner Kommunikation nicht zu unbeholfen, sensibel genug und versteht es, eine

---

[3] Richard Bandler/ John Grinder: Metasprache und Psychotherapie. Die Struktur der Magie, neu übersetzte Auflage, Paderborn 2011.

sinnvolle Wirklichkeit zu vertreten, dann funktionieren kommunikative Übersetzungsprozesse auch dann, wenn sie technisch unvollkommen bleiben. Die technische Versorgung der Wirklichkeitserzeugung ist vielleicht bei gewissen Störungsbildern sinnvoll und hat von daher vielleicht in der Therapie oder im Training eine gewisse Bedeutung. Wenn unverändert repetitive Muster auftreten, ist das aber auch oft Ausdruck von Einfallslosigkeit bezüglich der Inhalte und Vorgehensweisen bei allen Beteiligten. Die technische Virtuosität kann dann zum Ersatz von Sinnstiftung werden. Wenn man sich ersatzweise als Kommunikationsmagier betätigt und der Machbarkeit huldigt, ist man selbst in Einseitigkeiten verfangen und könnte andere in solchen Einschränkungen bestärken.

Deswegen würde ich Menschen eher dabei helfen, in verschiedener Weise Sinn zu stiften und Wirklichkeiten anzuregen als zu viel in Technik zu investieren. Entsteht neuer Sinn, richtet sich in den meisten Fällen alles andere neu aus.

Psychoanalyse und Sigmund Freud

Die Psychoanalyse hat eine eigene umfangreiche Geschichte, der ich hier nicht gerecht werden kann. Sie prägt aber Persönlichkeits- Entwicklungs- und Beziehungsdenken in vielen „Beziehungsberufen", ob sie dort hinpassen oder nicht. Daher sollen einige ihrer Grundideen dargelegt werden, dass sie wiedererkannt werden und bewusst genutzt werden können.

Das Entwicklungsmodell

Gern möchte ich anfangen mit dem Verständnis des Menschen bzw. damit, dass er in seiner Entwicklung in einen Grundkonflikt zwischen Triebwünschen, Triebbefriedigung und gesellschaftlicher Einschränkung gerät. Ich glaube, dieser Konflikt ist der Nährboden, auf dem sich psychoanalytisches Verständnis entwickelt. Damit ist gemeint, dass der Mensch zunächst von oralen, analen und sexuellen Grundtrieben getrieben ist und uneingeschränkt Lust und Befriedigung sucht. Diese Selbstoptimierung stößt natürlich an die Grenzen der Gesellschaft allgemein, zunächst vertreten durch Eltern und Partner. Indem man mit diesen Grenzen umzugehen lernt, lernt man eigene Wünsche in längerfristige Strebungen der Persönlichkeit und in das Interessengefüge anderer Menschen und der Gesellschaft allgemein einzubetten.

Kultur entsteht durch *Sublimierung*, also dadurch, dass die Rohformen der Strebungen in der Welt auf andere Objekte bzw. auf andere Befriedigungsformen umgelenkt und ausdifferenziert werden. So entstehen gesellschaftliche und persönliche Interessen, Tugenden, Neigungen und Umgangsformen. Der Mensch findet dabei, wenn es gelingt, immer wieder neue Gleichgewichte, mittels derer er an Kultur teilnehmen sowie mit der Gesellschaft umgehen kann und erfährt dabei Befriedigung..

So könnte man das Grundspannungsfeld, in dem sich persönliche Entwicklung in der Gesellschaft darstellt, aus psychoanalytischer Sicht beschreiben.

Das Persönlichkeitsmodell

So ist auch das Grundmodell der Persönlichkeit zu verstehen: Da ist auf der einen Seite das ES, also der Bereich des Ungeformten, Triebhaften, Archaischen, aus dem auch die Vitalität kommt. Auf der anderen Seite befindet sich als Gegenkraft das Über-ICH, die Repräsentanz der gesellschaftlichen Ansprüche und Wertvorstellungen, die auch Einbettung in Gesellschaft und Orientierung bietet. Und dann haben wir das ICH, also jene Instanz, die als Mittler versucht, einen sinnvollen Weg zwischen diesen beiden Kräften zu finden und sich zu einem erwachsenen Menschen zu entwickeln. Das heißt, wenn die unmittelbare Triebbefriedigung in ihrer Urform nicht möglich ist, entsteht *Kulturentwicklung* oder *Neurose*.

Abwehrmechanismen und Neurosen

Wenn der Mensch mit seinen Triebbestrebungen auf Begrenzungen stößt und damit übermäßig in Konflikt gerät, kann das dazu führen, dass er sie und die damit verbundenen Wahrnehmungen und Gefühle aus seiner bewussten Selbstbeschreibung ausblendet. Auf diese Weise entstehen dann die sogenannten *Abwehrmechanismen*. Diese bewirken eine unbewusste Abwehr von Realität.

Die bewussten Vorstellungen von sich und der Welt können sich dann auf problematische Weise davon ablösen, was unbewusst handlungsleitend ist. Frustrierte Triebe und Strebungen, triebhaft befriedigende Beziehungen aufzubauen, werden dann verdrängt. So nicht aufgelöste Konflikte bei Befriedigungsversuchen wirken allerdings in der Persönlichkeit weiter. Sie können zu *Neurosen* führen. Solche „psychischen Störungen" können als leicht oder schwer angesehen werden und behandlungsbedürftig sein, je nach Behinderung der sonstigen Lebensentwicklung.

Den Begriff *Neurose* verwendet man, wenn Menschen in ihren Konflikten mit verdrängten Strebungen keine kulturfähige Form gefunden haben und sie dadurch „krankhaft" beeinträchtigt werden. Neurose ist auch ein *Lösungsversuch*, eine Form der Selbststeuerung. Durch die Neurose versucht das Individuum mit den eigenen Trieben so umzugehen, dass ein Ausgleich zwischen den gesellschaftlichen Erfordernissen und seinen ursprünglichen Bedürfnissen gelingt.

Komplexe

Als Komplex wird ein bestimmter Bereich der Persönlichkeit bezeichnet, der hintergründig irritiert und oftmals das Erleben und Verhalten unbewusst steuert. Oft gibt es dafür nur eine diffuse Wahrnehmung oder der Mensch ist sich dessen gar nicht bewusst. Um etwas über diese unbewussten Konstellationen der Persönlichkeit zu erfahren, hat Freud auf die Methode der *freien Assoziation* gesetzt. Er ging davon aus, dass Komplexe mit Energie beladen sind und sich in vielfältiger Form verraten, wenn man einen Raum schafft, in dem sie unkontrolliert zum Ausdruck kommen dürfen.

Projektion und Introjektion

Zwei Verwechslungen von innen und außen, die in der Psychoanalyse und mit besonderer Betonung später auch in der Gestalttherapie beschrieben wurden, scheinen mir für alle Kommunikationsberufe wichtig.

Bei der *Projektion* werden eigene Strebungen und Erlebnisse nicht als eigen erkannt, sondern nach draußen projiziert. Andere werden verantwortlich gemacht. Eigene Feindseligkeit wird z.B. abgewehrt und stattdessen einem anderen Menschen unterstellt. Dann kann man sich vor diesem fürchten oder ihn bekämpfen und muss sich nicht mit dieser nicht akzeptierten Seite seiner selbst beschäftigen.

Bei *Introjektion* werden Erlebnisse oder Strebungen anderer unreflektiert ins Innere übernommen und als eigen betrachtet. Mit bestimmten Gefühlen wie z.B. Mutters Trauer über einen Verlust oder einer Beschämungserfahrung des Vaters versucht man so umzugehen, als wären es die eigenen gewesen. Da die Zusammenhänge bei solchen Verwechslungen nicht stimmen, ist eine Lösung schwierig.

Zur Lösung der Konflikte ist eine stimmige Zuordnung zu Menschen und biographischen Ereignissen entscheidend notwendig. Bei Projektionen heißt das, sich aneignen, was nach draußen projiziert wurde. Bei Introjektionen heißt das, nach draußen zu den passenden Menschen und Situationen zurück zu übertragen, was man als zu sich selbst und nach innen gehörig missinterpretiert hatte. Dann kann man lernen, wirklich Eigenes selbst zu verantworten und als fremd Erkanntes den rechtmäßigen Eignern zur Verantwortung zu überlassen. Dies fällt manchmal schwer, weil man fürchtet, dass dies Illoyalität bedeuten könnte. Daher können solche Klärungen oft nur im Zusammenhang mit der Neuordnung von vielerlei

Ideen und Gefühlen vorgenommen werden. Manchmal reicht aber auch die Weigerung, die Fehlplatzierung zu bestätigen oder eine andere Platzierung zu unterstützen.

Übertragung und Wiederholungszwang

Die Gesellschaft zeigt sich dem Kind zunächst vorrangig durch die Elternfiguren oder andere wichtige Bezugspersonen. Beziehungs-Entwicklung ist daher auch verbunden mit diesen prägenden Beziehungserfahrungen. Die Erfahrungen mit diesen Bezugspersonen werden gespeichert. Das innere System der Steuerung hat etwas mit den inneren Repräsentanten früher Beziehungserfahrungen zu tun. Und wann immer die ursprünglichen Bedürfnisse wieder wach werden oder äußere Ähnlichkeiten an damalige Szenerien erinnern, kommt es zu *Übertragungen*. Das heißt, ein Mensch sieht in Anderen Abbilder früherer Bezugspersonen und inszeniert mit ihnen daher die abgespeicherten Beziehungserfahrungen. Leider werden dabei die einst erworbenen - aber misslungenen - Lösungsstrategien wiederholt. Solange sich der im Hintergrund wirkende Konflikt nicht auf eine konstruktive Weise löst, wird er durch die Übertragung immer wieder in neuen Beziehungen wiederholt. Das nennt man *Wiederholungszwang*. In der Übertragungsanalyse werden gegenwärtige Beziehungsschwierigkeiten daraufhin beleuchtet, ob und wie ungelöste Konflikte aus früheren Beziehungen hineinspielen könnten. Gelingt es dem Betroffenen zufällig, durch das Kommunikationsgeschick eines anderen Menschen oder durch die professionelle Handlung z. B. eines Psychotherapeuten zu erkennen, was in der Übertragung inszeniert wird, und eine konstruktive Bewältigungsstrategie zu entwickeln, lösen sich neurotische Beziehungsmuster auf.

Übertragung und psychoanalytische Therapie

Die Fähigkeit, Beziehungswünsche und -erfahrungen auf Menschen in neue Begegnungen zu übertragen, macht sich die Psychoanalyse zunutze. Der Psychoanalytiker bietet sich für solche Übertragungen an und hilft dann dabei, die darin zum Ausdruck kommenden Ausdrucksformen von Komplexen zu deuten und auf diese Weise Abwehrmechanismen, wie z.B. Verdrängung, rückgängig zu machen. Die Strebungen können dann bewusst angenommen und neue Formen dafür gesucht werden.

Übertragung in nicht-therapeutischen Beziehungen

Übertragung geschieht auch in Beziehungen, die nicht darauf angelegt sind, wenn jemand als bedeutsam angesehen wird bzw. Beziehungshoffnungen im Spiel sind. Daher sollte sich jeder Kommunikationsfachmann mit dem Phänomen der Übertragung vertraut machen, unabhängig davon, ob er tiefenpsychologisch orientiert ist oder nicht.

Wenn man für einen anderen Menschen wichtig wird, hat dies häufig mit erlebten Ähnlichkeiten mit früheren wichtigen Bezugspersonen zu tun. Dann kann er es unbewusst darauf anlegen, mit uns eine Auseinandersetzung mit seinen früheren Beziehungskonflikten zu suchen. Als dahinter verborgene Hoffnung kann eine konstruktive Lösung angesehen werden. In einem sinnvollen Kontrast zur damaligen schwierigen Situation soll eine neue Lösung gefunden werden. Die dafür im Verhalten angebotene Inszenierung ist eine diese Hoffnungen enttäuschende Beziehung. Das Problem für den Gegenüber: Er spürt die zunehmende Verwicklung, hat aber verständlicherweise

Mühe, dies mit sich und seiner Realität zu verbinden. Landläufig bekannt sind z.b. Autoritätskonflikte. Je nachdem, welche Erfahrung jemand mit Vätern, Müttern, Lehrerinnen bzw. Lehrern und anderen Autoritätspersonen hatte, werden diese Erfahrungen z.b. in Führungs- oder Beratungsbeziehungen wieder wach. Er geht dann davon aus, dass die anderen so mit ihm umgehen, wie er es von damals gewohnt ist - gleichzeitig aber hofft er, dass es doch anders sein möge.

Zunächst einmal ist die Übertragung ein Phänomen, das sich einfach einstellt, ob wir das wollen oder nicht. Wir müssen es in irgendeiner Weise abbilden können und Strategien entwickeln, damit umzugehen. Während in der Psychoanalyse die Übertragung gefördert wird, wenn damit die Konflikte abgebildet werden sollen, ist es in der Beratung eher angebracht, Übertragungen nicht zu fördern, zumindest keine konflikthaften.

Das beste Gegenmittel, um Übertragung vorzubeugen, ist deutliche Realität. Das heißt, Beziehung aktiv und deutlich zu gestalten und damit kraftvoll eine Gegenwart zu inszenieren, in der nicht viel Platz für problematische Phantasien und Beziehungsmuster aus anderen Sphären ist. Das Erfahrbare kann dann so deutlich sein, dass man relativ gut erkennen kann, dass manche inneren Erlebnisse und Reaktionen wirklich nur etwas mit „alten Filmen" zu tun haben. Umgekehrt bedeutet das, dass alle Stile, bei denen Kommunikationspartner in ihrem eigenen Profil undeutlich bleiben, zwar einen gewissen Vorteil in der Neutralität haben, gleichzeitig aber auch den Nachteil, dass sich ein Deutungsraum bietet, der oft für negative Übertragung genutzt wird.

Man sollte sich überlegen, was an dieser Stelle besser ist. Man kann es so oder so machen. Es ist nur wichtig zu wissen, dass jede Form der Zurückhaltung eine Übertragung fördert, und die so evozierte Übertragung kann negativer sein als zum Beispiel ein direktiver Stil.

Biographischer Bezug

In der Beratung wird normalerweise nicht mit Rückbezug zu Kindheitssituationen, zu Triebschicksalen und den dadurch bedingten Einschränkungen gearbeitet und es werden auch in der Regel keine Übertragungsdeutungen vorgenommen, bei denen wir zum Anderen so etwas sagen wie: „Du siehst jetzt in mir Deinen Vater oder Großvater." Außerhalb einer psychologischen Beratung steht es dem Anderen nicht zu, einem Klienten eine auf seine Kindheit und besonders auf seine Triebe bezogene Beziehungsdeutung zu liefern. Das wäre ein fragwürdiger Übergriff. Wenn Berater so etwas im biographischen Hintergrund vermuten, überlegen sie eher, wie sie durch ihr Verhalten einen hilfreichen Kontrast dazu herstellen können. Es geht also eher um eine bewusste und intuitive Wahl des Beziehungsmodus und entsprechende Beziehungsgestaltung, als darum, die vermutete Übertragung zum Gesprächsgegenstand zu machen. Auch wenn biographische Deutungen Klienten gegenüber unpassend sind, können Übertragungsüberlegungen berücksichtigt werden. Dazu brauchen wir aber kaum theoretisches Inventar aus der Psychoanalyse. Wir können uns der intuitiven Bilder von sich anbahnenden möglichen Schwierigkeiten bewusst werden und dazu eine positive Variante in der heutigen Wirklichkeitsszenerie herstellen. Hat sich ein Berater doch irgendwie „verwickelt", kann er sich im Rahmen einer erfolgreichen Supervision wieder davon lösen. Durch konstruktive Alternativen kann beim Klienten die Bindung an frühere Beziehungserfahrungen heilend aufgelöst werden. In der Beratung ist dies ein willkommener Effekt, der aber nicht Gegenstand des Leistungsversprechens ist.

Die Individualpsychologie – Alfred Adler

Ich würde gern zu einem anderen Vertreter der Psychoanalyse kommen: **Alfred Adler**. Mir fallen zu ihm als erstes zwei Begriffe ein: Lebensstil und Minderwertigkeitskomplex. Ich fange beim *Minderwertigkeitskomplex* an. Komplex, das haben wir schon gesagt, ist freudianisch. Es ist ein Bereich der Persönlichkeit, der eine gewisse Eigenständigkeit entwickelt hat und nicht bewusst im Ich integriert ist. Adler ging davon aus, dass Menschen körperliche „Mängel", z. B. im Bereich Körpergröße oder Geschlechtsmerkmale aufgrund von Phantasien oder Wahrnehmungen zum Anlass nehmen, sich minderwertig zu fühlen. Anstatt dieses Empfinden wahrzunehmen und einen konstruktiven Weg zu finden, entwickeln sie eine Persönlichkeit und einen *Lebensstil*, die auch dazu dienen müssen, mit dieser empfundenen Minderwertigkeit umzugehen.

Minderwertigkeitskomplex

Für Beratung ist es wahrscheinlich sinnvoll, körperliche Minderwertigkeits-Überlegung in den Hintergrund treten zu lassen und allgemeiner zu sagen: Menschen fühlen sich zu Recht oder zu Unrecht irgendwelchen Herausforderungen nicht gewachsen, die sie als relevant einstufen. Sie empfinden einen Mangel bei sich. Nun können sie entweder mit diesem Mangel sinnvoll umgehen, z. B. klären, ob er eingebildet ist, oder ob sie Kompetenzen erwerben können, um ihn zu beheben, oder lernen können, sich wertvoll zu fühlen, auch wenn sie nicht alles haben, was sie glauben, haben zu müssen. Alternativ dazu kann man dieses Minderwertigkeitsgefühl und den empfundenen Mangel vor sich selbst verbergen und einen Lebensstil entwickeln, in dem dieses Thema ausgespart und durch Hilfskonstruktionen irgendwie umgangen werden kann. Dann entwickelt sich eine Neurose als *Rückzugsprogramm*. Das heißt, dass ein Mensch auf eine Herausforderung stößt, sich dieser aber nicht stellt, sondern sich vor ihr zurückzieht. Dazu begibt er sich auf „Nebenwege" und entwickelt Ausweichprogramme. Im Grunde kann dies nicht wirklich befriedigend sein, weil das Gefühl bleibt, sich einer Herausforderung nicht gestellt zu haben. Das Minderwertigkeitsgefühl kann so nicht behoben werden. Eher bekommt der Betreffende mit dem Rückzugsprogramm neue Schwierigkeiten. *Kompensation* und Überkompensation werden zum eigentlichen Problem. Als Folgeprobleme können solche Lebensstile immer skurriler werden und beschäftigen den Betroffenen selbst, ihre Umgebungen und Therapeuten. Leicht geschieht es dabei, dass völlig aus den Augen verloren wird, was die eigentliche Herausforderung war, die anzunehmen oder zu klären gewesen wäre, damit der Mensch auf einem für ihn geeigneten Lebensweg hätte weitergehen können.

Rückzug vor Herausforderungen

Häufig wäre mit der ursprünglichen Herausforderung umzugehen viel einfacher, als mit dem ganzen Durcheinander, das durch die Vermeidung dieser Anforderung entstanden ist. Der Lebensstil ist geprägt von Ersatzproblemen und der Mensch ist mit Ersatzentwicklungen beschäftigt. Aber auch das wiederum ist manchmal schwer zu erkennen. Wie soll man sich trauen, einen anderen Menschen mit solchen Vermutungen zu konfrontieren?

Selbst wenn was dran ist, ist es für den Betroffenen nicht leicht, das anzuerkennen, weil ja bereits viel Lebenszeit und Ressourcen eingeflossen sind und Leid entstanden ist. Es ist nicht leicht, dazu eine versöhnliche Haltung zu finden. Die Infragestellung aus der Adler'schen Sicht: „Was wäre eigentlich an der Reihe gewesen an jener Stelle, an der dieser Mensch begonnen hat, Neurosen und Ersatzprogramme, körperliche Krankheiten und Machtkämpfe usw. zu entwickeln?" „Wäre vielleicht dran gewesen, angemessene Karriere zu machen, anstatt jetzt an der Macht der anderen zu leiden? Wäre es passender gewesen, die eigenen Machtwünsche anzunehmen, anstatt über x Ausbildungen Überheblichkeit auszubauen und sich dabei weiter als unterlegen zu empfinden?" Also: „Was könnte die Herausforderung sein, die für diesen Menschen eine befriedigende Weiterentwicklung seiner selbst gewesen wäre, der er aus irgendwelchen Gründen nicht begegnen konnte?" Wenn es gelingt zu helfen, diese Herausforderung heute in irgendeiner Form anzunehmen, überformt dies oft Rückzugsprogramme mit ihren Folgeproblemen ganz von selbst.

Lebensstilanalyse und innere Bilder

Adler lenkt den Blick auch auf den Lebensstil. Die Lebensstilanalyse fragt danach, was für eine Art und Weise ein Mensch entwickelt, sich im Leben zu bewegen. Wenn man die biographischen Erlebnisse eines Menschen erfragt, erfährt man typische Geschichten, die eine bestimmte Art des Seins in der Welt repräsentieren. Der Inhalt der Story ist dabei manchmal gar nicht so wichtig wie die Rolle, die der Protagonist darin spielt. Das kann auch bei der Analyse eines Traumes funktionieren: Auch hierbei sind die einzelnen Geschichten nicht so wichtig, wie typische Szenerien und die Rollen, die jemand in ihnen spielt. So kann es sein, dass jemand über die verschiedensten Themen träumt. Und was einem längere Zeit gar nicht auffällt: Egal, was er träumt, er ist eigentlich immer der, der staunend mitläuft, aber nie selbst gestaltet. Dann stellen sich Fragen: „Ist das Dein Lebensstil, der staunende Mitläufer zu sein? Passt das zu Dir? Es kann ja auch in Ordnung sein. Oder ist das eigentlich ein Rückzugsprogramm? Vermeidest Du Gestaltung und somit auch Schuld auf dich zu laden, weil Du z. B. in der Auseinandersetzung mit deinem Vater gelernt hast, dass Du ein schlechter Mensch bist, wenn Du beim Gestalten auch schuldig wirst? Jetzt lernst Du alle ästhetischen Formen des Mitläufers. Das entwickelt natürlich auch Talente, aber trotzdem löst es irgendetwas nicht in Dir. Und vielleicht wäre viel wichtiger, jetzt die aus vielleicht verständlichen Gründen vermiedene Herausforderung anzugehen und Dich an der Stelle weiterzuentwickeln? Das andere sortiert sich dann in seiner Wichtigkeit ganz von selbst, weil es einen anderen Bezugsrahmen kriegt.

Analytische Psychologie – C.G.Jung

Ich erlebe C. G. Jung so, dass er sehr viel mehr nach vorne blickt, obwohl er sich in vielem auch in der Tradition der Psychoanalyse bewegt. Jung war lange ein enger Mitstreiter von Freud. Er hat sich aber dann von ihm abgewendet, weil er dessen Verengung auf die Sexualität und Triebtheorie und das, was damit verbunden war, nicht mittragen wollte. Sein Blick wendet sich eher weg von "Wie werden wir frei von Neurosen und realitätstüchtig?" zu "Wie können wir werden, was wir werden sollen, und wie ist die heutige Einschränkung eben auch ein Vorläufer einer sinnvollen Entwicklung für uns?"

Individuation

Ein Kernbegriff in der Jung'schen Psychologie ist *Individuation*, also der Weg des Menschen, das Individuum (der bzw. die unverwechselbar Einzigartige) zu werden, die sie oder er werden kann. Das zeigt von vornherein ein Verständnis des Menschen auf das hin, was er dabei ist, zu werden. Der Blick zurück ist nur ein Teilaspekt dieser Betrachtung. Ähnlich wie in der Psychoanalyse gibt es auch darin ein Bewusstsein und ein Unbewusstes. Sowohl im *Bewusstsein* wie im *Unbewussten* werden individuelle und kollektive Anteile identifiziert. Jung betrachtet, welche Wirklichkeitsbezüge eines Menschen mehr zu seinen ganz individuellen zu zählen haben und welche mehr in kollektives Kulturgut einzubetten sind. Von daher wird der Gesellschafts- und Kulturbezug schon in der Konzeption von Persönlichkeit mitberücksichtigt.

Individuell und kollektiv Unbewusstes

Die Konzeption des Unbewussten bei Jung halte ich für besonders anschlussfähig an moderne Kommunikationskonzepte. Unbewusst ist, was erstens einem Menschen nicht mehr bewusst ist, also was einmal in seinem Wirklichkeitsbezug für ihn klar erkennbar war und dann wieder verlorengegangen ist; was zweitens noch nicht bewusst ist, was zwar in ihm angelegt ist, psychische Bedeutung und Wirkkraft hat, aber noch nicht Gegenstand seiner bewussten Wahrnehmung und Steuerung geworden ist. Da gibt es das *individuelle Unbewusste*, welches aus der individuellen Biographie stammt und das *kollektive Unbewusste*, welches Entwicklungen der Kultur bzw. der Evolution repräsentiert. Jung hat eine fast systemische Idee eines gemeinsamen seelischen Urgrunds, an den wir angeschlossen sind, und dessen Ausdrucksweisen jeder kollektiv lebt und in sich beherbergt. In kulturvergleichenden Studien studierte er kulturübergreifende Grundsymboliken, in denen sich seelische Prozesse bei Menschen ausdrücken. In seiner Traumanalyse gibt es daher außer der persönlichen Assoziation zu den Symbolen und Vorgängen die sogenannte *Amplifikation*, also die Anreicherung der Traumsymbole aus der Perspektive von Kulturwissen. Also persönlich: „Welche Bezüge haben Sie in Ihrer Biographie zur Stadt Rom, die im Traum vorkommt?" Und kulturell: „Welche Bedeutung kann Rom für Sie haben angesichts seiner Bedeutung in der Menschheitsgeschichte?" Die Traumarbeit in der Jung'schen Psychologie ist als Anregung zu verstehen, sich angeschlossen an eine kollektive Seele zu sehen: Es sind Dinge in einem tätig und wirksam, die nicht aus der eigenen persönlichen Geschichte kommen, eher aus der Familien-, Stammes oder Menschheitsgeschichte, also aus der kollektiven Geschichte. Damit ist die Idee verbunden, dass wir ein Seelenerbe antreten, so wie wir ein genetisches Erbe antreten, wie immer man sich diese Übertragung nun auch genau vorstellt...

Ich und Selbst

Interessant im Jung'schen Persönlichkeitsverständnis ist die Unterteilung in Ich und Selbst. Das ICH ist das Zentrum der bewussten Persönlichkeit. Das *Selbst* beinhaltet die umfassenden seelischen Möglichkeiten und die in einem Menschen angelegte oder schon entwickelte unverwechselbare Eigenart, also auch dessen Potentialität. Das Selbst kann auch als Keim, in dem alles schon angelegt ist, allerdings als Blaupause, gedacht werden. Und es ist das, was aus diesem Keim in der spezifischen Eigenart soweit schon gewachsen ist. Von daher gibt es eine Selbst-Entwicklung (wie aus diesem Keim die Eigenart auch geworden ist) neben der Ich-Entwicklung.

Archetypen

Die Topographie der Jung'schen Seele lässt sich als eine Konstellation von archetypischen Figuren betrachten. Jung war ein abstrakter Denker, deswegen ist so seine Theorie oft auch. Ein Archetypus ist eine Grundkonstellation, die sich in einem Menschen in einer bestimmten Weise bzw. in einer typischen Lebensfragestellung manifestiert. *Archetypen* zeigen sich oft in symbolischer Form, u. a. in den Träumen. Beispiele hierfür sind die große Mutter, der Brunnen, die Geburt oder Weihnachten. Es handelt sich dabei also um symbolische, oft kulturspezifische Spiegelungen von Lebensgrundkonstellationen. Mehr dazu siehe unten: Weitere Perspektiven/Narrative Ansätze

Zwei archetypische universelle Figuren der Seele sind der *Animus* und die *Anima*, also die männliche und die weibliche Seelenperspektive, wie ich das übersetze. Diese Topographie der Seele bringt eine ganze Reihe von Fragen mit sich, die sich in der Beratung durchaus auch verwenden lassen. Man kann Situationen, Geschehnisse oder persönliche Eigenarten dahingehend befragen, inwiefern sich in ihnen etwas Universelles des Lebens konkret ausdrückt. Man schließt so das Individuelle an etwas Übergeordnetes an. Davon ist die ganze Jung'sche Psychologie geprägt. Deswegen wird sie häufig mit spirituellen Fragestellungen kombiniert.

In der *Jung'sche Typenlehre*[4] wird dargestellt, dass Menschen wirklich verschiedene Arten haben, Wirklichkeit zu erleben und sich in dieser zu orientieren. Die Jung'sche Typenlehre ist vielen als MBTI bekannt. Außer den damit zu diagnostizierenden Vorlieben einzelner Personen, werden damit auch Grundkonstellationen des Wirklichkeitszugangs beschrieben.

Eine weitere archetypische Dimension ist die Auseinandersetzung mit Lebensphasen. Sich phasenspezifisch nach den eigenen Lebensvollzügen zu befragen, wäre dann eine der Ausdrucksebenen, auf der sich ein Mensch mit seiner Zeitlichkeit auseinandersetzen kann. Diese Zeitlichkeit könnte sich etwa in einem Traum in Form einer jungen und einer alten Frau symbolisieren, die ein Kind bei sich haben und zu dritt zusammen unterwegs sind. Auf diese Weise könnte sich die Bezogenheit auf verschiedene Altersstufen symbolisieren.

---

[4]B. Schmid/ J. Hipp/ S. Caspari (1999): Intuition in der professionellen Begegnung, In: Zeitschrift für systemische Therapie, 03/99, überarbeitet und verändert veröffentlich in: perspektive: blau - ein Online-Wirtschaftsmagazin (05/10).

Symbolverständnis

Das Wertvolle an der Traumarbeit aus der Jung'schen Perspektive ist es, dass ich lernen kann, das Wesen der Dinge zu befragen. Was ist also die tiefergehende Bedeutung von dem, was ich an der Oberfläche sehe? Wofür ist das ein Beispiel? Ich frage z.B. nach der symbolischen Bedeutung der universellen Kultureinrichtung Küche. *Was ist das für ein Ding, mit dem ich es hier zu tun habe? Es ist z.B. der Ort, an dem Naturalien der Welt in für Menschen bekömmliche Formen umgewandelt werden. Sie kann funktional sein oder nicht. Ihre Ausstattung in einem Traum kann also darauf hinweisen, wie gut ich gerüstet bin, mir und anderen die in der Welt verfügbaren Naturalien zu bereiten. Sie kann auch geschichtlich der einzig geheizte Ort sein, an dem sich Familien versammeln, der also für Geborgenheit und Zugehörigkeit steht. Insofern kann man sich fragen, wovon es erzählt, wenn man z.B. nach dem xten Überflussdinner im Luxushotel von einer modernen Küche träumt, in der aber seltsamerweise ein alter Holzofen mit Warmwasserschiff etc. steht.*

Zeitqualitäten

Die Jung'sche Psychologie lässt sich leicht mit der psychologischen Astrologie verbinden. Das hat mit dem Konzept der Zeit in der Jung'schen Psychologie zu tun. Dort hat die Zeit nicht nur eine Quantität, sondern auch eine Qualität. Eine Art, die Qualität der Zeit zu befragen ist, sie in die Sternenkonstellation hineinzuprojizieren. Das hat aber gar nichts damit zu tun, dass man denkt, dass diese Gestirne ursächlich Schicksale beeinflussen, so wie meine Uhr auch nicht ursächlich die Zeit beeinflusst. Sie hat nur einen relevanten Bezug zu dieser Zeit.

Deswegen treffen astronomische Argumente gegen Astrologie nicht Aussagen einer differenzierten Astrologie. Diese ist ein Versuch, annäherungsweise Zeitqualität auf eine Landkarte zu bringen. Im Grunde geht es um die Idee (z.b. beim Geburtshoroskop), dass die Geburtsstunde eine bestimmte Zeitqualität markiert, in die ein Mensch hineingeboren wird und dass diese Zeitqualität etwas mit den Lebensfragen, die sich ihm in besonderer Weise stellen, zu tun hat. Sie steht also für Lebensfragen, archetypische Konstellationen und dafür, womit sich ein Mensch auseinandersetzen sollte, wenn er seiner Zeit gerecht werden möchte. Manchmal sind astrologische Gutachten wunderbar frappierend, und dann wieder passt überhaupt nichts. Da ist es wie mit allen psychologischen oder philosophischen Erklärungssystemen. Das stört einen aber dann nicht, wenn man nicht verlangt, dass diese Systeme irgendwelche gültigen Aussagen machen, sondern sich bewusst bleibt, dass sie immer nur helfen können, aus der Perspektive „Zeitqualität" Fragen zu stellen.

Schattenintegration

Jung geht davon aus, dass jedem Menschen Themen beschieden sind, auf die er durch seine Entwicklung Antwort geben muss. Darauf haben wir bereits bei der Individuation Bezug genommen. Bei der Persönlichkeitsentwicklung geht es nur bedingt um *Vervollkommnung,* eher um *Vervollständigung.* Der Mensch muss dann in sich eine gewisse Vollständigkeit integrieren, wenn es auf Grund äußerer oder innerer Anlässe für ihn ansteht (sich zu ergänzen). Wenn nun ein Mensch die fällige Ergänzung verweigert, dann bekommt er Probleme mit dem Teil, den er nicht aus dem Schatten ins Licht seiner Ich-Persönlichkeit übernehmen möchte.

Der Mensch will den eigenen Schatten, bspw. seine Gehässigkeit, nicht bei sich haben und projiziert ihn deshalb auf andere. Er zieht im tatsächlichen Leben oder in seinen Phantasien Gehässigkeit auf sich, weil er die eigene nicht wahrhaben will und sie stattdessen bei anderen hervorruft. Vielmehr noch, er tut unbewusst sogar etwas dazu, dass andere sich so gebärden, dass er diesen (seinen Persönlichkeits-)Teil möglichst bei anderen ansiedeln und sich als der relativ Bessere sehen kann. Er agiert gegen eine *Schattenprojektion* anstatt zu erkennen, dass er im anderen seinen eigenen Schatten bekämpft. Setzt er sich mit diesen Strömungen seiner Seele auseinander, geschieht es erstaunlich häufig, dass Gehässigkeit draußen als Thema bedeutungslos wird. Von daher bietet sich als Lösungsweg zunächst *Schattenintegration* an. Das, woran wir uns reiben, das was uns immer wieder begegnet, was uns zum Thema wird, kann etwas bergen, was wir nicht in uns, in unserer Persönlichkeit als Ergänzung aufnehmen wollen.

Die Hexe, die mich ewig im Traum verfolgt, ist vielleicht die nicht erlöste weibliche Seite meiner Seele. Jung geht davon aus, dass der Mann eine seelische Ergänzungskraft in sich trägt. Diese nennt er Anima. Bei der Frau ist dies eine männliche seelische Ergänzungskraft, der Animus. In der Seele müssen das weibliche und das männliche Prinzip einen Einklang finden. Die Beziehung zu den Geschlechtern draußen ist ein Medium, in dem man lernen und sich üben kann.

Dialog bewusst-unbewusst

Ich möchte noch einmal ganz ausdrücklich darauf aufmerksam machen, dass es um den kritischen Dialog geht, wenn ich das Bewusste und das Unbewusste als zwei Sphären der Persönlichkeit ansehe. Gut ist weder eine Verklärung des Bewusstseins, bei der man sich abdichtet gegen das, was nicht dazugehört, noch eine Verklärung des Unbewussten. Das ist ganz wichtig, da bei Jung-Anhängern gelegentlich eine subtile Verklärung des Unbewussten zu beobachten ist. Je symbolträchtiger die Träume sind, desto mehr erhofft man dadurch Heil zu erfahren. Nach Jung ist aber nicht die Verklärung einer Seite, sondern die gegenseitige Relativierung, der kritische Dialog zwischen Unbewusstem und Bewusstem entscheidend.

Sonst entsteht eine unbewusste Treibhauskultur, da die Menschen im bewussten Bereich zu wenig mit ihrer Lebensenergie machen. Das ist wie mit einer Topfpflanze, die einen zu großen Topf hat. Die Pflanze wächst übermäßig nach unten hin, anstatt nach oben. Ich habe vom Gärtner gelernt, dass die Topfpflanze die richtige Topfgröße haben muss, sodass sie nicht übermäßig Wachstum in die Wurzeln steckt, sondern dass das Wachstum im richtigen Verhältnis (von oben nach unten) steht.

Mit dieser Metapher biete ich an, der Frage nach der richtigen Wachstumsrichtung nachzugehen. Generell gilt bei Jung: Wenn eine Wachstumsrichtung überbetont ist, die andere unbeachtet bleibt und der kritische Dialog nachlässt, dann beginnt die weniger kultivierte Seite nach und nach die Lebensqualität auf ungute Weise zu dominieren. Jung sagt deshalb, dass es kein Hobby sei, sich Ergänzungen zu widmen, denn wenn man es nicht tue, werden die starken Seiten durch die nicht-beachteten Seiten sabotiert.

So gerät ein Mensch in Krisen. Kritischer Dialog zwischen bewussten und unbewussten Dimensionen ist also schiere Notwendigkeit auf dem Weg zu einer ganzheitlichen Entwicklung.

Kulturfragen

Archetypen, Symbolik, Schattenintegration, kritischer Dialog usw. Hier geht es neben dem Verstehen von individueller Persönlichkeit auch um das Verstehen von Kultur. Wir können uns üben, Kultur zu befragen: Wie wird etwa in einer Abteilungskultur oder im Finden einer Strategie eine Grundströmung oder ein Grundthema des Lebens ausgedrückt? Beispiel: Diese Abteilung, egal welche Zuständigkeit, verwaltet eigentlich einen Jugendlichkeits-Mythos. Sie lebt den Archetypus des Puer Aeternus, des ewigen Jünglings. Wenn man auf die Idee kommt, dass hier ein Jugendlichkeitskult praktiziert wird, dann kann man studieren, was die typischen Lebensschicksale von Jünglingen dieser Art sind? Dies geschieht am besten anhand der Biographie der Gründer und anderer wichtiger Figuren einerseits, aber auch als Kultur- und Menschheitsthema allgemein. Was steckt da an seelischer Qualität eines Einzelnen dahinter? Warum kann jemand nicht altern? Weshalb war dieses Thema in welchen Kulturen und Epochen dominant? Was war die Vorgeschichte, welches die Folgen? Hierfür kann man Anschluss an das symbolische Menschheitswissen suchen z.B. über Literatur oder Filme (Peter Pan o.a.). Wen das mehr interessiert, dem sei das Buch „Der Mensch und seine Symbole" empfohlen. Das hat Jung mit Koautoren und einem Journalisten zusammen geschrieben, so dass es auch gut verständlich ist.[5]

Traumdeutung

Aus der Psychoanalyse stammt die Aussage, dass der Traum den Königsweg zum Unbewussten darstellt. Gerade bei Junganhängern erlebe ich gelegentlich, dass über-

---

[5] C.G. Jung u.a.: Der Mensch und seine Symbole, 19. Auflage 2015.

mäßig mystifiziert wird, was nachts geträumt wird, so als wäre man nachts ein wertvollerer Mensch als tagsüber. Ich denke das ist eine Gefahr. Ich würde sagen der Königsweg zur Selbstentfaltung, nicht zum Unbewussten, ist der kritische und schöpferische Dialog mit dem Traum.[6] Der Dialog, die kritische Auseinandersetzung mit diesem Kunstwerk, das sich in uns entfaltet, bringt die Wandlung, nicht die Identifikation mit diesem. Manchmal kann man sich unbeschadet identifizieren mit dem Kunstwerk, aber unser inneres Theater produziert genauso Schwänke, Comics, Schrott und verfehlten Klamauk, wie wir das in unserem äußeren Theater auch manchmal tun und vorfinden und es wäre falsch, dies einfach so unkritisch zu übernehmen. Folglich müssen wir zu Theaterkritikern und Sachverständigen unseres eigenen, inneren Traumtheaters werden, nicht die Verklärung von Träumen, sondern die kritische Auseinandersetzung mit ihnen fördern. Der Königsweg ist also der kritische und schöpferische Dialog mit dem Träumenden.

---

[6] Ausführlich: Bernd Schmid/ Andrea Günter (2012): Systemische Traumarbeit. Der schöpferische Dialog anhand von Träumen, Göttingen 2012.

Weitere Perspektiven aus der Psychologie von C.G. Jung u. a.

Spiegelungen – Peter Schellenbaum

Der Begriff der *Spiegelkommunikation* spielt in großen Teilen der Jung'schen Psychologie eine bedeutende Rolle. Der Mensch ist dem Menschen ein Spiegel! Also bei den Fragen „Wer bin ich?", „Was will ich?", „Was ist mein Stil?", „Wohin könnte ich mich entwickeln?" benötigen wir immer auch andere Menschen, die in uns das sehen, was wir sind und bestätigt brauchen oder eventuell nicht sehen, und unsere Aufmerksamkeit darauf gelenkt werden sollte. Manchmal ahnen andere neue Möglichkeiten und wecken sie in uns. Jeder Mensch hat das Bedürfnis danach, gespiegelt und vom anderen liebevoll, kreativ, aber auch wesensgemäß gesehen zu werden. Menschen spiegeln sich wechselseitig, um sich selbst zu begreifen. Manchmal suchen Menschen eine Spiegelung ihrer gewünschten Entwicklung in Leitbildern.

Spiegelbilder sind Bilder, in denen ich mich suche und finde. Ich sehe im anderen oder Bildern des anderen etwas, das auch in mir sein muss, da ich es sonst nicht sehen könnte. Im Englischen sagt man: It takes one to know one! Die Welt, wie ich sie erlebe und beschreibe, hat immer die Kehrseite, dass dazu eine Entsprechung auch in mir sein muss, da ich es sonst nicht sehen und nicht beschreiben könnte. Es entsteht immer ein lebendiger Wechselwirkungszusammenhang.

Bei der *Leitbildspiegelung* (Peter Schellenbaum) liegt die Betonung nicht so sehr auf dem, was ich schon bin, sondern auf dem, was ich dabei bin zu werden. Dafür können mir andere Leitbild sein. Es ist auf eine Weise mein

Wunsch auch so zu werden wie er oder sie. Der andere hat mir Qualitäten voraus, die zu erwerben mich zu dem machen würde als der ich vorgesehen bin. Hier ist entscheidend, wie ich mich sehe, wenn ich mich mit dem anderen vergleiche und wie ich mich diesbezüglich vom anderen gespiegelt sehe.

Leitbilddistanz

Bei der Leitbildspiegelung finde ich den Begriff der *Leitbilddistanz* hilfreich. Zentral ist die Frage, wie viel weiter als ich der andere in diesen Dimensionen ist, die mich ansprechen. Man spricht hier von einer optimalen Leitbilddistanz, wenn ich den anderen als erreichbares Leitbild sehen kann. Wenn der andere zu nah dran ist, kann er nicht hinreichend als Vorbild inspirieren. Scheint der andere zu weit weg, die Leitbilddistanz zu groß, erkenne ich nur das Vorbild, nicht aber meine Möglichkeit, ihm zu folgen. Dann besteht die Gefahr, dass die schöpferische Verbindung kollabiert. Um mich dennoch mit dem Wunschbild zu verbinden, besteht die Gefahr, dass ich mich nur identifiziere, mich aber nicht auf den Weg mache. Der andere ist mir nicht ein leuchtendes Vorbild, sondern ein blendendes Idealbild. Es ist schön und von der Qualität, die ich mir so sehr wünsche. Aber es ist so hell, dass ich geblendet bin und in Bewunderung verharre. Es öffnet mir nicht die Augen für den Weg, den auch ich gehen kann.

Ich werde schon immer stutzig, wenn ich jemanden frage wie es ihm gehe und er dann sagt: Blendend! So etwas sieht man nun in einem ganz anderen Licht. Wen willst du blenden? Wäre das Wort leuchten nicht angebrachter, auch wenn es weniger hell ist? Aber das Leuchten kommt dann mehr von innen.

Projektive Identifikation

Zu den Verklärungsformen der Spiegelung gehört die *projektive Identifikation*. Ich projiziere Eigenschaften auf jemanden und identifiziere mich dann mit diesen. Es handelt sich insoweit um eine vermeintliche Spiegelung, als sie einer weit-gehenden Projektion gilt. Was ich dem anderen projektiv zuschreibe, kann ihn fehlleiten. Zudem geht die differenzierende Distanz verloren, wenn ich mich unreflektiert mit dem anderen gleichsetze.

Beispiel: In einer Theatergruppe identifiziert sich die Leiterin in starkem Maße mit einem der Mädchen. Völlig verzückt sieht sie sich in ihr und wie sie selbst gerne gewesen wäre als sie jung war. Das kann das Mädchen beflügeln, solange ihre anstehende Entwicklung zu dem Anliegen der Leiterin passt. Was passiert, wenn die projektive Identifikation und ihre Entwicklungen auseinander laufen, wenn dieses Mädchen eine andere Spiegelung braucht? Fügt sich das Mädchen in den Traum der Leiterin von sich als Jugendliche oder steht sie zu dem eigenen Bild, das davon deutlich abweicht? An dieser Stelle ist die Leiterin pädagogisch herausgefordert. Kann sie sich von dieser projektiven Identifikation durch ein Erkennen des anderen ablösen? Die Gewichtung dessen, wie viel Projektion und wie viel Erkennen von Möglichkeiten des anderen zu vermuten ist, ist eine schwierige Frage.

Identitätsbildung

„Die Auseinandersetzung mit dem Andersartigen dynamisiert die Eigenart." (Rupert Lay). Die Auseinandersetzung mit dem Fremdartigen ist nicht nur deshalb wichtig, weil ich mich mit dem anderen anfreunden muss/soll. Es ist wichtig, dass ich in der Irritation und in dem Versuch, mich auf Andersartiges zu beziehen, mich selbst besser verstehe und meine Eigenart dadurch dynamisiert wird. Das heißt, dass ich herausgefordert bin mich besser zu verstehen, wer ich eigentlich bin und ob ich mich zu dem Unterschied in Beziehung setzen möchte, der möglicherweise auftritt.

Exkurs: Geschlechtsidentität

Im Hinblick auf Spiegelung und Identitätsbildung hat Schellenbaum eine psychologische Beschreibung von homosexuellen Dynamiken entwickelt. Er stellte schon in den 1970er Jahren Homosexualität neben Heterosexualität in den Kontext ganz normaler Identitätssuche-Dynamiken[7]. Dies war in Zeiten, in denen Homosexualität noch als Straftatbestand und psychiatrische Diagnose galt revolutionär.

Schellenbaum sagt, dass Männer und Frauen ihre Geschlechtsidentität erst ausformen müssen und dass dies in der Beziehung zu Manns- und Weibsbildern geschieht, mit denen sie zu tun haben. Es geht darum, die eigene Geschlechtsentwicklung im Spiegel dieser ganzen Leit- und Spiegelbilder, der Geschlechtsvorbilder um sich herum wahrzunehmen und in Spiegelungen eine Geschlechts-Identität als Mosaik-Bild-Identität zu finden. Dabei kann es vielerlei Verirrungen geben.

Das ist eine sehr komplexe und spannende Angelegenheit. Gut an dieser Theorie finde ich, dass es überhaupt nicht um die Frage geht, ob Du am Ende hetero- oder homosexuell orientiert bist/lebst, da Du dich sowohl in der homosexuellen Lebensform als Mann finden, wie dich

---

[7] Peter Schellenbaum: Die Homosexualität des Mannes, München 1980.

in einer heterosexuellen Lebensform als Mann verlieren kannst. Dies kann passieren, indem Du entweder den Macker, den überphallischen Mann gibst, gerade weil Du dich als Mann nicht seelisch findest. Es ist möglich, mit Hetero- und Homosexuellen gleichermaßen wichtige Entwicklungsarbeit durchzuführen/zu leisten. Dabei können Bilderarbeiten wiederum sehr hilfreich sein. Genetische Betrachtungen der heutigen Zeit spielten dabei noch keine Rolle, sind aber gut mit diesem Ansatz vereinbar.

Ich mache das mal an einem Beispiel aus meiner Familie deutlich. Meine Mutter war der Mann im Haus. Sie war die gestaltungskräftigere, die bestimmungskräftigere Person. Sie selbst hatte einen schwachen Vater und ein schwieriges Schicksal als junge Frau erlitten, da ihre Mutter früh verstarb. Sie wurde als wachsende Frau weder von ihrer Mutter als weibliches Leitbild gespiegelt: „Du wirst/bist eine Frau wie ich sie bin – wir beide gehören in eine Kategorie"! Noch wurde sie von ihrem Vater gespiegelt. Weil dieser eine neue Frau hatte, wurde sie früh aus der Familie ausgestoßen. So entwickelte sie eine eher männliche Identitätsausrichtung. Immer wenn sie zu sich stehen wollte, benutzte sie Begriffe wie: „hinstehen", „mit eisernem Besen durchkehren", „sich nichts bieten lassen". Dahingegen war mein Vater der weichere Part in der Familie. Ich musste lernen, das phallische Auftreten meiner Mutter nicht in seiner Unstimmigkeit zu kopieren, sondern mit meiner männlichen Identität zu verbinden. Die weicheren Seiten meines Vaters suchte ich dann eher bei Frauen und konnte sie als Anima-Bild meiner männlichen Seele übernehmen.

Dingbilder und Wirkbilder

Nach Schellenbaum gibt es Bilder, die einfach Dinge abbilden und es gibt Bilder, die Wirkungen erzeugen. Ein Kruzifix beispielsweise kann ein Dingbild sein. Wenn Don Camillo sagt - „Halte dich fest!" - um dann Peppone mit dem Kruzifix zu verhauen, ist das Kruzifix an der Stelle ein Dingbild, da es keine seelischen Bewegungen bewirken, sondern Beulen auf Peppones Kopf zaubern soll. Folglich kann ein kirchliches, christliches oder spirituelles Bild, das mir in diesem Moment nichts sagt, ein Dingbild sein. Umgekehrt kann es sein, dass mein Blick auf einen Schraubenzieher fällt und plötzlich bin ich ergriffen von diesem Gerät, das so unscheinbar überall vorhanden ist und doch im entscheidenden Moment die Schraube lösen kann, die vorher etwas festgehalten hat. Hier wird das Bild von diesem Schraubenzieher in mir zu einem Wirkbild, denn es löst Ergriffenheit, seelische Bewegung und Verstehen aus.

In helfenden Berufen sind wir an Wirkbildern interessiert. Wir prüfen, ob sich Menschen in Bildern spiegeln, die Dingbilder geworden sind, keine seelischen Bewegungen mehr auslösen. Dann suchen wir mit ihnen gemeinsam nach Bildern, die wieder seelisch bewegen und zu Entwicklungen inspirieren.

Bilder im professionellen Rahmen

Das Denken in Bildern und Spiegelungen kann auch auf den Berufsrahmen übertragen werden. In welche Bilder würde man die Qualitäten fassen, die ein Team oder eine Arbeitsgruppe zeigt. Wie würde man bildhaft ein Vorhaben oder ein Unternehmen beschreiben? Inwiefern stellen Gruppen ein Geflecht von Spiegelungen und Leitbildbeziehungen dar? Wer ist wem bezogen auf was ein Leitbild? Wer sieht sich in wem wie gespiegelt? Wie sehr passt das oder passt es nicht? Kann man sich darüber auseinandersetzen? Ist es ein relativ wilder projektiver Vorgang oder kann darüber Kommunikation eingeleitet werden, sodass sich diese Bilder dann differenzieren und wandeln, oft auch entpolarisieren können?

Narrative Ansätze

Viele Professionelle trauen sich nicht zu, mit Erzählungen, Bildern und Symbolen zu arbeiten. Obwohl bei näherem Hinsehen viele Elemente dieser Art in der Kommunikation sowieso auftauchen, werden sie doch nicht als „Handwerkszeug" verstanden und gepflegt. Doch es lohnt sich, Dialog halten zu lernen, mit Träumen, inneren Bildern, Phantasien, Erzählungen aller Art. Auch diese Sprachen zu sprechen und zu verstehen, will gelernt sein. Man kann üben, die Sprache der Bilder zu verstehen und über Bilder intervenieren zu können. Viele entdecken dabei Kompetenzen, derer sie sich nicht bewusst waren oder die sie ihrem Privatleben zugeordnet hatten.

Von Archetypen und den Bildern, in denen sie sich ausdrücken, war schon die Rede. Den meisten, die den Begriff schon einmal gehört haben, fallen solche Begriffe ein wie der große Zauberer, die Hexe, der Berg oder der Wanderer, eben archetypische Bilder. Streng genommen ist ein Archetypus, wie das Wort bereits sagt, ein Grundmuster. Es geht also nicht um die aktuelle Ausdrucksform des Bildes, in das es gefasst ist. Dieses Bild hat wiederum eine Ausstattung sowie einen Rahmen. Der Wanderer bspw. kann im Mittelalter leben und dort in einer handwerklichen Zunft sein. Dadurch ist er in einem anderen Kontext zu verstehen als wenn ich den Archetypus des

Wanderers heute als Voyager sehe, als die Sonde, die zum Mars unterwegs ist. Jedoch vom Grundmuster her meint es denselben Archetypus.

Beim Verwandeln von beruflichen Fragestellungen in Metaphern, Bilder oder Stories wird eine Transformation in andere Sprachen und in andere Welten vorgenommen. Dadurch entstehen Abstand, neue Verständnisse, kreative Interpretationen. Die Intuition aller Beteiligten kann in diese Übersetzungsräume einfließen und die Wirklichkeiten verändern. Zudem gehen bildhafte Erfahrungen viel leichter unter die Haut und bleiben als Impulsgeber eher haften als sachliche Interpretationen.

Verstehen und Erklären

Metaphorische Beschreibungen dienen von vornherein eher dem Verstehen als dem Erklären. Der Unterschied zwischen Verstehen und Erklären wird anhand des Verstehens eines Witzes deutlich. Denn bekanntermaßen kann man nur einmal über einen Witz lachen. Nämlich in dem Augenblick, in dem man ihn versteht. Natürlich kann man ihn wieder vergessen und es kann zu einer Zweit- und Drittauflage des Lachens kommen. Allerdings ist frisches Lachen dann nicht wiederholbar. Das hat damit zu tun, dass der Moment des Verstehens ein Moment der seelischen Reorganisation bzw. des Perspektivenwechsels ist. Lernprozesse, die auf Verstehen ausgerichtet sind, arbeiten mit Wirkbildern. Diese Wirkbilder lösen beim anderen seelische Bewegungen und Veränderungen der eigenen Verstehens-, Professions-, Haltungs-, oder Verhaltens-Kultur aus. Über welches Medium diese Wirkbilder vermittelt werden, ist weniger bedeutungsvoll. Das können durch Worte ausgelöste innere Bilder sein, das kann Aufmerksamkeitsfokussierung draußen leisten. Das kann durch Literatur, Kunst oder einfach durch Ereignisse ausgelöst werden. Entscheidend ist der Perspektivenwechsel, die Reorganisation von Verstehen oder zumindest die Weichenstellung dafür. Oft sind weder der Inhalt noch der Effekt wirklich erklärbar und dennoch kann man verstehen, was geschieht[8]. Und das ist eben der Unterschied zwischen einer Kulturperspektive und einer wissenschaftlichen Perspektive, die auf Wiederholbarkeit ausgerichtet ist. Das wichtigste im Leben, nämlich die Dinge zu verstehen, zeichnet sich durch Einmaligkeit und gerade nicht durch Wiederholbarkeit aus.

Polaritäten

Es wird grundsätzlich gerne polarisiert, um etwas deutlich zu machen. Oft dient Schwarz-Weiß-Malen nicht einer absichtlichen Verzerrung, sondern ist die Folge einer gelernten „Verdeutlichungsstrategie". Doch an den Extremen werden Dinge nicht deutlicher, sondern falsch, und stabilisieren ihr ebenso falsches Gegenteil. Die Wahrheit liegt bekanntlich eher irgendwo zwischen den Extremen bzw. fruchtbare Beschreibungen kommen aus abwägenden Sowohl-als-auch Überlegungen. Das duale Denken bzw. das Dualisieren ist in unserer Kultur angelegt. „Was das eine ist, kann nicht das andere sein!" Wenn wir etwas deutlich machen wollen, machen wir das oft durch eine duale Unterscheidung. Das ist der westliche Erkenntnisweg. Information ist der Unterschied, der den Unterschied macht.

---

[8] Bernd Schmid (2004): Identität und Abgrenzung, erschienen in: perspektive: blau – ein Online-Wirtschaftsmagazin (November 2009)

Wenn die Unterscheidung sehr fein ist und es uns im Moment ein bisschen zu anstrengend ist, feine Unterscheidungen zu machen, dann machen wir die Unterscheidung stark, damit wir sie verdeutlichen, bis hin zur Polarisierung. Wann immer sich Menschen mit etwas leidenschaftlich auseinandersetzen wollen, neigen sie zu Polarisierungen. Daher ist eine der wichtigsten Interventionen, um differenzierte Betrachtungen zu ermöglichen, das Entpolarisieren.

Romantisieren und Banalisieren

Eine häufige Polarisierung ist das Romantisieren versus das Banalisieren. Romantisieren kann schematisieren und bis zur Unkenntlichkeit verklären. „Sterben ist ein wunderbarer Übergang in eine andere Seinsform". Es findet dann meist seine Gegenpolarisierung in der Banalisierung. „Jenseitsglaube ist doch bloß eine Fluchtphantasie zur Abwehr von Todesangst." Banalisierungen fangen meist an mit: „Das ist nichts anderes als...und ist doch bloß...".

Den Mittelweg zwischen romantischer Verklärung und öder Banalisierung kann mit „nüchtern berührt sein" umschrieben werden.

Wirklichkeiten metaphorisch transformieren

Normalerweise haben wir gelernt horizontal zu denken. Horizontal heißt auf der konkreten Ebene, auf der eine Fragestellung vorgetragen wird, auch zu antworten. Darüber hinaus kann ich lernen, *vertikal* zu denken. Vertikal denken bedeutet, die Muster einer Wirklichkeitsinszenierung zu erkennen, und sie über Zeit und Raum hinweg, auf den verschiedensten Bühnen, den verschiedensten Lebenssphären zu betrachten oder sie dorthin zu transponieren.

Ein Beispiel: Jemand bietet als Thema an, dass er morgens schlecht aus dem Bett und in die Aktivität kommt. Horizontal ausgedrückt heißt das: Ich – heute – Bett – zu Hause – in der gegenwärtigen Arbeitswelt – müde wie ich bin usw. Wenn ich *horizontal* mit diesem Problem umgehen würde, dann auf der angebotenen Wirklichkeitsebene. Horizontales Arbeiten bedeutet, ein Problem auf der Wirklichkeitsebene zu belassen, auf der es eingebracht wurde. Dort wird versucht, irgendeine Art von Entwicklung anzustoßen.

Beim vertikalen Arbeiten schaust du dir hingegen das darin liegende allgemeine Muster an und fragst z.B. danach, wo dieses Muster noch vorzufinden ist. Sagen wir, derselbe Mensch kommt auch bei Arbeitsvorhaben oder in der Erotik nur schleppend in Gang. Auf welchen Wirklichkeitsebenen zeigt es sich? Im Denken, in den Körperreaktionen, im Verhalten, in der Tagesplanung?

Anschließend transponiere ich das Problem auf bspw. einen Maulwurfshügel. Dazu muss ich mir eine Story ausdenken, in der dieselben Grundmuster vorkommen, ohne dass bspw. „aufwachen" und „liegenbleiben wollen" oder „müde sein" darin vorkommt. Die Geschichte könnte dann so lauten:

„Da war einmal ein Maulwurf und wie man weiß, sind Maulwürfe im Winter unter der Erde und halten sich dort so lange auf bis es draußen Frühling wird. Dabei ist es gar nicht so einfach für den Maulwurf zu bestimmen, wann es an der Zeit ist, aus dem Winterschlaf heraus zukommen und wann mit der Arbeit im Frühling begonnen werden müsste. Was passiert aber, wenn der Maulwurf erst spät aus seinem Winterschlaf kommt und schon ziemlich abgemagert ist? Dann hat er vielleicht keine Kraft mehr und trotzdem muss er sich aufraffen. Alles ist dann schwieriger....

In einem Frühling jedoch träumte der Maulwurf viel früher als bisher, dass draußen die Sonne bereits wärmer zu werden begann. Vielleicht war dies Ausdruck einer neuen Empfindsamkeit, vielleicht einer körperlichen Reifung. Vielleicht war er auch des Aufschiebens müde und bekam früher Lust, vital zu werden. Auf jeden Fall machte er sich so rechtezeitig auf, dass er Zeit und Kraft genug hatte, gleich von Anfang an auf gutem Aktivitätsniveau zu sein. Es war wie wenn man beim Surfen rechtzeitig auf die Welle kommt und sich dann von dieser tragen lassen konnte. Obwohl das Bild von einem surfenden Maulwurf, womöglich mit Sonnenbrille, etwas Skurriles hat."

Da kann man sich tausend Varianten überlegen wie man die Story bei Maulwurfs beschreibt und wie man eine Entwicklung dieser Story bei Maulwurfs anstößt. Über die vertikalen Zusammenhänge wird dann eine Bewegung in den Grundmustern aktiviert. Man kann entweder ganz offen lassen, auf welche horizontalen Ebenen die Bewegung der Grundmuster ihren Niederschlag findet oder man kann das ganz gezielt am Schluss zurückbinden. „Da fällt mir ein: Als ich ein kleiner Junge war, hat meine Mutter morgens immer gesagt: Na Maulwurf, hast du dich wieder in deinem Bettenhügel vergraben?"

Das Unbewusste versteht die Parallelität von Bett und Maulwurfshügel sofort, findet vielleicht auch Parallelen zu Arbeitsvorhaben und Erotik. Es konstruiert dann unbewusst neue Zusammenhänge. Das würden zumindest die hypnotherapeutischen Storyteller behaupten.

Vertikales Arbeiten mit horizontalen Beispielen kann wesentlich effektiver sein als allein horizontales. Man arbeitet Grundmuster heraus und zu den Grundmustern Ergänzungen oder alternative Muster. Werden diese an

Beispielen oder metaphorisch verstanden, können sie in viele Lebensfelder und andere horizontale Ebenen übertragen werden.

Schicksalsbestimmung – James Hillman

Ich möchte noch kurz auf James Hillman[9] verweisen, einen Jungianer, sehr bekannt in den USA. Hillman wendet sich ziemlich radikal von dem Rückwärtsbezug der Psychoanalyse ab und sagt: Wichtig ist, dass wir versuchen zu begreifen, welcher Geist in einem Menschen wirkt. Bildhaft gesprochen: Eigentlich sucht sich ein Geist einen Organismus und provoziert ein Lebensschicksal, in dem er sich in einer bestimmten Form zum Ausdruck bringt. Deshalb sollte sich der Mensch die Frage stellen: Was ist der mich leitende Geist? Was ist der Dämon in mir, der mich dazu bringt, aus Gefügen, die ich schon gebildet habe, immer wieder in neue Entwicklungen auszubrechen? Er sagt, dass in einem jeden Menschen eine unverwechselbare Konstellation von leitenden Geistern, also eine unverwechselbare archetypische Konstellation ihre Gestalt finden kann. Er löst sich damit ganz von der Idee, dass wir normal werden müssten, und orientiert sich ganz darauf, dass wir eine möglichst erlöste Form von dem, was unser geistiges und dämonisches Schicksal ist, auf eine gute Weise erfüllen sollten. Die griechische oder römische Mythologie steht mit ihren Göttern für solche Archetypen und für diese typischen Konstellationen, wie z. B. „Zeus streitet mit Hera“. Dies ist dann ein Thema, welches in fast allen Geschlechterbeziehungen lebendig ist.

Hillman treibt diesen finalen Aspekt noch ins Extreme, indem er sagt: Wir können die Entwicklungsgeschichte

---

[9] z.B. J. Hillmann/ M.Ventura (1999): 100 Jahre Psychotherapie. Und der Welt geht's immer schlechter, Grüne Kraft 1999.

eines Menschen, auch die scheinbaren Irrwege, nur verstehen, wenn wir wissen welchen Dämon er beherbergt und wenn wir eine Idee davon bekommen, welches Schicksal von ihm gelebt werden muss. Wir haben nicht die Wahl, ein anderer Typ zu sein. Wir können nur unseren Typ erlösen und leben. Ein schönes Beispiel, das ich gerne zitiere, weil es die Umdrehung der Deutungsvorstellungen zeigt: Hillman berichtet von einem berühmten spanischen Stierkämpfer, über den die Psychoanalytiker sagen, dass er so ein Macho werden musste, weil er ein Kind war, das sich bis zum 13. Lebensjahr ganz stark an die Mutter und ihren Rock klammerte. Es ist also kein Wunder, dass ein so abhängiges Wesen später in einer Macho-Haltung überkompensieren muss. Hillman würde dem entgegnen: Ganz falsch! Die Seele des Kindes wusste schon von Anbeginn, dass aus dem Jungen mal ein Stierkämpfer werden soll. Und man stelle sich vor, dieser kleine Kerl, und wie groß die Stiere waren – dann überrascht es nicht, dass er sich so lange wie möglich an seiner Mutter festgehalten hat!

Der Dämon in uns und vielleicht auch die dämonischen, systemischen Bezüge, etwa in einer Familie, sorgen dafür, dass mir bestimmte Schicksalskonstellationen beschert werden. Diese können jeweils als besondere Chancen, um zu meiner Eigenart zu kommen, verstanden werden. Das verändert den Blick auf viele Leidensgeschichten und bietet ein reiches Feld von Umdeutungen und der Würdigung von schwierigen Lebenssituationen. „Was hat sich der Schicksalsgott dabei gedacht, dass er dir solche Eltern beschert hat? Oberflächlich betrachtet könnte man sagen, das hat ja gar nicht zusammengepasst. Aber offenbar wurdest Du einer besonderen Herausforderung für würdig befunden, dies zu erleben und Dich zu üben. Wie kannst Du das, was in Dir angelegt wurde, zu einer Dir eigenen Reife bringen?" Die Frage ist also nicht, bin ich richtig oder falsch, sondern gibt es davon erlöste Formen oder verhärmte, unerlöste Formen? Das ist ein ganz anderes Verhältnis zur sogenannten Pathologie.

Den Ansatz von Hillman kann man plausibel finden oder nicht. Die Anekdote öffnet allerdings die Augen für eine ganz interessante Perspektive: „Wofür sind ungewöhnliche Entwicklungen gut? Was bereitet sich da vor, was zu diesem Menschen passt und sich in diesem Menschen verwirklichen will?" Es geht mehr um ein Annehmen und darum, eine erlöste Form der Selbstwerdung zu finden anstatt an seiner Eigenart zu leiden.

Nehmen wir ein Beispiel: In mir liegt die Anpassungsfähigkeit des Wassers. Es fällt mir schwer, Konturen anzunehmen. Dafür aber kann ich gut einsickern, notfalls Dinge unterspülen. Auch kann ich Trockenheit entgegenwirken und Fruchtbarkeit herstellen. Was macht es dann für einen Sinn, mich wegen fehlender Konturen zu kritisieren oder mich um markante Konturen zu bemühen? Ich muss stattdessen Formen finden, die es mir erlauben, auf gute Weise das tun zu können, was meine Bestimmung ist.

Die fragmentarische Persönlichkeit

Noch etwas anderes finde ich wichtig. Persönlichkeit hat immer etwas Fragmentarisches. Ich finde es auch menschlich, so zu denken. Ein Fragment ist ein Teil, das auf das Ganze verweist. Es ist ein Exempel, das für das steht, was es in seiner Vollkommenheit sein könnte, ohne den Anspruch zu haben, die Vollkommenheit erreichen zu müssen. Wir erlauben uns, fragmentarisch zu leben und immer wieder in uns bzw. mit uns Beispiele zu erleben oder beispielhaft etwas zu begreifen, was in seiner Vollkommenheit natürlich viel umfassender oder schöner sein könnte. Die Anteilnahme an dieser Lebensdimension wird nicht von der Vollständigkeit abhängig gemacht, sondern besagt: Wenn ich etwas fragmentarisch erlebe, ist es präsent. Viele esoterische Schulen predigen Vollkommenheit, mit der Aussicht, dass einige wenige Auserwählte sie erreichen. Und was geschieht mit dem Rest? Die fragmentarische Haltung steht dem gegenüber, und das ist in unserer Tradition auch christlich. Das Wertvolle im Menschen kann zu jeder Zeit durch eine liebende Haltung bzw. Heil kann durch Anteilnahme erworben werden. Paulus drückt das anders aus: Nicht, dass ich es schon erworben hätte, ich bemühe mich aber darum, dass das, von dem ich ergriffen worden bin, sich in mir auch heranbildet. Wir sind die Ruine von gestern und die Baustelle für morgen. Das sind wir immer. Insofern ist irgendetwas bei uns nie ganz in Ordnung. Das ist aber meine Persönlichkeit. Und wenn ich nun also ein Bruchstück sehe, weiß ich nie, ob das übrig ist von früher und noch entsorgt, gewürdigt etc. werden muss, oder ob das ein Element für morgen ist, oder ist es beides, oder weder noch.

Psychosomatik – Viktor von Weizsäcker

Ganz kurz erwähnen möchte ich in dem Zusammenhang einen Psychosomatiker. Es ist Viktor von Weizsäcker, ein Heidelberger, der gesagt hat: „Die Krankheit ist die Krise der nicht gelebten Entwicklung". Krankheit hat etwas damit zu tun, dass eine anstehende Entwicklung nicht gelebt wird. Und was als Entwicklung ansteht, kann man oft überhaupt nicht aus der Vergangenheit des Menschen identifizieren. Das ist bei der Diagnose von Krankheiten oft die Schwierigkeit: Nicht, wo kommt sie her, sondern worauf soll sie hinführen? Ein Slogan von Viktor von Weizsäcker über Krankheit ist: „Ja

(das heißt, ich begrüße die Entwicklung), aber nicht so!"
Eine Krankheit kann unnötig werden, wenn ich jene Entwicklung begreife, auf die sie hinführen möchte. Anstatt oft auf schädliche, sogar den Organismus zerstörende Weise Entwicklung zu erzwingen, geht es darum, sie auf irgendeine Weise möglichst gesund freizusetzen.

Psychosynthese – Roberto Assagioli

Als Beispiel für eine mehr spirituell ausgerichtete Strömung, die aus meiner Sicht viel mit der Jung'schen Psychologie zu tun hat, betrachte ich Roberto Assagioli mit seiner **Psychosynthese**. Das war eine der Schulen der humanistischen Psychologie. Eine Zeitlang war sie eine große Mode. Das Wesentliche an ihr ist, dass vom Methodischen her immer wieder ein Meta-Standpunkt gegenüber den eigenen Rollen und Identitäten der Persönlichkeit eingeführt wird. Psychodramatisch oder über geleitete Phantasien werden entsprechende Szenerien aufgebaut, bei denen es immer einen *inneren Beobachter* gibt, der auf Teilpersönlichkeiten schaut.

Die wesentliche Aussage ist in vielen spirituellen Lehren zu finden: Du bist nicht das, womit Du identifiziert bist. Es gibt etwas Höheres in Dir, also so etwas wie ein *Überbewusstsein* (im Gegensatz zum Unterbewusstsein), einen höheren Geist, eine Seele, die Du zu begreifen lernen kannst, indem Du immer wieder erkennst, dass Du nicht auf Deine Erscheinungsformen und Teilpersönlichkeiten beschränkt bist. Wie in vielen spirituellen Schulen besteht die Grundübung darin, immer wieder wach zu werden und sich zu desidentifizieren.

Psychosynthese kann als Beispiel genommen werden für verschiedene metphysische Lehren, in denen Menschen immer wieder eingeladen werden, sich selbst in ihren Befangenheiten, in allen ihren Affekten und Gefühlen, in ihren Lieblingsposen sowie ihren gehassten Rollen und ihren Verstrickungen zu erkennen und zu sagen: Das ist ein Teil von mir, aber das bin nicht ich. Dem liegt die Idee zugrunde, eine Identität in einem Überbewusstsein zu entdecken und dadurch mehr Freiräume zu gewinnen, um aus diesem Überbewusstsein heraus die einzelnen Rollen und Lebensbezüge leben zu können. Obwohl dieser Ansatz in erster Linie im spirituellen Sinne selbsterfahrungsorientiert ist, glaube ich, dass das im Prinzip eine gute Entwicklung ist, die sich auch im professionellen Bereich einüben lässt: Einerseits die Rollenkompetenz sowie das Engagement in den entsprechenden Rollen, auf der anderen Seite das Nichtidentifizieren mit ihnen. Rollen sind verschiedene Ausdrucksweisen, Selbstorganisationsweisen, in denen sich etwas Übergeordnetes ausdrückt, das sich in verschiedenen Konstellationen manifestieren kann, zum Beispiel in einer Professionskultur. Dadurch entsteht mehr Freiheit, diese Rollen neu zu formulieren, und die Neigung vermindert sich, sich lediglich mit den damit einhergehenden Konventionen zu identifizieren.

Logotherapie und Existenzanalyse – Viktor Frankl

Da kann ich vielleicht den Übergang zu Viktor Frankl finden. Nach seinen Vorstellungen von psychischer Gesundheit sind Stabilität und Entwicklung nicht möglich ohne Erleben von Sinn. Letztlich ist es der Sinn, der den Organismus stark macht, das Empfinden von etwas, wofür sich das (Über-)Leben lohnt. Das ist die Hauptaussage der *Existenzanalyse* und der Logotherapie, die daraus entwickelt wurde. Existenz meint hier nicht biologische Existenz, sondern kommt von existere = aus sich heraustreten. Entfaltet sich jemand in der Weise, die für ihn möglich ist und die ihn erfüllt? Frankl geht davon aus, dass das nicht frei wählbar ist. Wer man an sich und in Beziehungen sein kann, muss man in Begegnung mit sich und andern erst irgendwie begreifen und auszugestalten lernen.

Die Logotherapie versteht sich nicht als Psychotherapie in dem Sinne, dass sie Krankheiten heilt. Sie legt Wert darauf, dass Menschen sich mit dem Sinn befassen. Dahinter steckt die Annahme, dass manche Krankheiten dann überflüssig werden. Aber sie haben auch dazu sehr interessante Konzepte, zum Beispiel zur Behandlung von Depressionen. Sie parzellieren z.B. die Lebenslandschaft: „Wenn Dir etwas nicht gut gelingt, wirf nicht alles in einen Topf, sondern betrachte und gestalte Tag für Tag oder Lebensbereich für Lebensbereich. Und wenn in einem etwas schwierig ist, lass es nicht zu, dass sich dieses destruktive Lebensgefühl wie ein Flächenbrand über die anderen ausbreitet.

Beziehung und Begegnung

Hervorheben möchte ich Frankls Unterscheidung zwischen Beziehung und Begegnung[10]. Beziehung ist dabei eine vordefinierte Blaupause für mögliche Begegnungen.

Den Gedanken leitet er so her: Jeder Mensch trägt unverwechselbare Eigenarten in sich, sei es, dass diese sich schon entwickelt haben oder dass er noch dabei ist, sie zu entfalten. Wenn zwei Menschen in vielem vordefiniert

---

[10] Siehe ausführlicher in Bernd Schmid (2005): Beziehungskultur in Organisationen – eignet sich das Modell von Viktor Frankl?, in: Das gepfefferte Ferkel – Online Journal für systemisches Denken und Handeln, Ausgabe 19. Juni 2005. Auch in: Die DownloadBar – Das E-Publishing Angebot des Carl-Auer Verlags (2006).

sind, dann sind es potentielle Beziehungen zwischen ihnen auch. Beziehung bezeichnet das Spektrum, das jeweils möglich ist. Wenn zwei Menschen sich begegnen, dann treten sie in dieses Spektrum ein. Ich finde das ist eine wichtige Denk-Figur, da sie einen Kontrast zur Meinung darstellt, dass aus jeder Beziehung alles gemacht werden kann.

Dennoch gibt es einen gestaltbaren Teil, die *Begegnung*. Dieser wirft die Frage auf, wie ich das für uns Angelegte in der Beziehung durch Begegnung in eine bestimmte Form bringen kann. Davon gibt es unerlöste oder erlöste Formen. Aber es ist eben nicht alles zwischen uns möglich. Durch eine *Begegnungskompetenz* kann man die Spielräume besser ausschöpfen und vielleicht auch erweitern. Wenn ich sehr sorgfältig über wiederholte Begegnungen Wirklichkeiten schaffe, dann sedimentieren (ein Begriff von Alfried Längle) sie langsam ins Repertoire unserer Beziehung.

Ein kleines äußeres Phänomen, das ich zur Illustration der Relation Beziehung-Begegnung gern heranziehe: Ihr kennt es vielleicht, dass man zu manchen Menschen eine gewisse Anziehung oder Abneigung verspürt, die eine ganz bestimmte Qualität hat. Wenn man diesem Menschen lange Zeit nicht begegnet ist, dann ist es sehr deutlich spürbar, was für eine Art Beziehung man zu ihm hat. Man begegnet ihm, und dann gelingt es zum Beispiel - bei viel Begegnungskompetenz - eine Abneigung zu überwinden und zu sehen, dass man besser miteinander kann, als man vorher gedacht hätte. Das nennt man Abbau von Vorurteilen. Das hält eine Weile, aber wenn man denjenigen dann längere Zeit nicht gesehen hat, kommt das Alte wieder in den Vordergrund. Die Begegnungserfahrung verliert relativ bald an prägender Kraft für das Gefühl für die Beziehung. Oder umgekehrt: Man wird ernüchtert, weil man sehr viel mehr in einer Beziehung gesehen hat, als man in der Begegnung realisieren konnte. Man müsste dann, wenn man sich trennt, auch ernüchtert bleiben, aber nach einer Weile kann es sein, dass die alte Vorstellung von dem, was sein könnte, ihre ursprüngliche Kraft bekommt. Sei es, dass neue Hoffnung geschöpft oder dass sie ins Gegenteil, in Bitterkeit verkehrt wird.

Paradoxie von Paarbeziehungen

Ehepaare denken besonders gerne, dass sie ihre Beziehung nach ihren Wünschen und Hoffnungen formen können. Doch kann eben aus einer Beziehung nicht alles gemacht werden. Deshalb ist es wichtig herauszufinden, welche Beziehungsmöglichkeiten es für das Paar gibt. Gemäß den obigen Erläuterungen geht das nur im Zusammenspiel damit, sich selbst und den anderen durch Begegnung kennenzulernen. Ziel ist es, dass wir in den Dimensionen, die in unseren Beziehungen möglich sind, gut werden und nicht versuchen andere Beziehungen haben zu wollen, die für uns nicht vorgesehen sind. Die Schwierigkeit liegt also darin, dass ich einerseits begreifen muss, was an Beziehung zwischen uns angelegt ist und gleichzeitig begreifen möchte, wer ich in dieser Beziehung bin, wobei mein Begreifen - „wer ich bin in dieser Beziehung" - sich wiederum in der Beziehung spiegelt. Das ist letztlich ohne Netz und doppelten Boden, eine Entwicklungs- und Erkenntnisparadoxie.

Organisationsbeziehungen und -begegnungen

Viktor Frankl bezieht sich auf persönliche Analysen von Individuen, wie die Psychotherapie überhaupt. Ich denke, der Grundgedanke eignet sich darüber hinaus gut, über ihn auch bei Organisationsbeziehungen nachzudenken. Diese haben nämlich in dem Sinne auch oft einen ontischen Charakter. Das heißt, die Personen treten, wenn sie einander begegnen, eigentlich in die Logik von Beziehungen ein. Nur mit dem Unterschied, dass diese nicht so schicksalhaft sind, sondern durch Begegnungen die Gesellschaftsverhältnisse viel leichter verändert werden können.

Aber es gibt auch umgekehrt die Überlegung: Ist es sinnvoll, durch sehr viel Begegnungskompetenz schlechte Beziehungskonstellationen immer zu kompensieren? Das gibt ganz neue Perspektiven, um über die Gegebenheit von Beziehungen nachzudenken und darüber, auf welcher Ebene man diese verändern kann. Was ist innerhalb der definierten Beziehung durch Begegnungskompetenz gestaltbar bzw. wie verändert Begegnungskompetenz die Natur der definierten Beziehung zum Guten wie zum Schlechten hin?

Wenn wir dieses Konzept auf Organisationsbeziehungen übertragen, müssen wir auf neue Weise darüber nachdenken, was an dieser Beziehung im Moment funktional ist. Was kann ich durch Begegnung gestalten und was ist die Organisationsontologie? Entsprechend muss ich in Verantwortung für Organisationskultur Strategien entwickeln, um die Ontologie dieser Beziehung neu zu gestalten und sehen, auf welchen Ebenen das geschehen kann.

Ich, Du und das Thema

Frankl hat ein Konzept entwickelt, in dem die Bezogenheit des Menschen zu seinem Mitmenschen, zum Du, aber auch zum Sinn oder zu einer Aufgabe, einem ihn erfüllenden Thema beschrieben wird. Ich, Du und Thema

(Logos) werden in einen Zusammenhang gebracht. Er sagt, diese Bezüge von Ich und Du, aber auch Ich und Logos sowie von Du und Logos und von wir gemeinsam und Logos sollten in einem sinnvollen Zusammenhang stehen. Es gibt kümmerliche Formen zwischenmenschlicher Beziehungen: Das Ich bezieht sich nur auf Logos (irgendeine Aufgabe) und es interessiert am Du ausschließlich seine Funktionalität für die eigenen Aufgabeninteressen. Der Mensch ist also nur als Mittel zu einem Zweck des anderen Menschen interessant.

Oder Menschen suchen nur Begegnung mit dem anderen Subjekt: Ich und Du, wir wollen uns genügen. Auch eine kümmerliche Form von Beziehung, denn Ich und Du, ohne dass diese Beziehung auf etwas Weitergehendes transzendiert wird, müssen verflachen. Selbst *Martin Buber* habe dem zugestimmt.

Als ein Mensch mit ursprünglich starker Ich-Es-Präferenz ist es mir persönlich schwergefallen zu verstehen, dass ich manchmal die Ich-Du-Beziehung zu jemandem mehr pflegen muss, damit er sich dann wieder mehr für das interessiert, wofür ich mich interessiere. Ich habe eher versucht, den anderen dazu zu bringen, sich für das zu interessieren, wofür ich mich interessiere, in der Annahme, dass er sich dann (ähnlich mir) als Subjekt gemeint fühlen würde.[11]

Beziehungstypen und Berufssituationen

Eine Zeitlang war es in „Psychokreisen" üblich, Ich-Du-Beziehung gegenüber Ich-Es-Beziehungen als wert-

---

[11] siehe z.B. in Bernd Schmid/ Andreas Kann nicht: Einführung in systemische Konzepte der Selbststeuerung, Heidelberg 2015.

voller anzusehen. Das Modell einer intimen Privatbeziehung wurde als Wertvorlage genommen. Inzwischen wird wieder mehr erkannt, dass es sehr gute menschliche Beziehungen über einen gemeinsamen Bezug auf etwas gibt. Hier muss man keinen Unterschied zwischen beruflich und privat machen. Ich glaube, dass auch in beruflichen Zusammenhängen das eine oder das andere Vorrang haben kann.

Wenn eine Vision, was wir als Team gemeinsam schaffen können, verlorengeht und wir stattdessen nur versuchen, menschlich miteinander ins Reine zu kommen, kann das einen endlosen Klärungsbedarf schaffen, weil wir uns in der falschen Dimension zu entwickeln versuchen. Organisationen können Beziehung eigentlich nicht befriedigen, wenn sie nicht auch auf die Aufgabe ausgerichtet sind.

Doch auch privat ist das so. Wenn ein Paar nur versucht, sich selbst zu genügen und sich nicht gemeinsam für irgendetwas in der Welt interessiert, dann wird es sehr schwierig, eine gute Beziehung zu erhalten. Wenn wir uns zu sehr auf die Funktionalität reduzieren und den anderen ohne Interesse an seinem Subjekt und seinem Wesen nur einspannen wollen, um eine Sache voranzubringen, dann kann natürlich auch dies eine Beziehung schädigen. Jenseits von Schwarz-weiß-Zeichnungen ist das eine graduelle Angelegenheit.

Themenzentrierte Interaktion – Ruth Cohn

Ich wollte an dieser Stelle **Ruth Cohn** kurz erwähnen. Das Dreieck Ich-Du-Thema erinnert ja sofort an eine ihrer Hauptgraphiken. Sie sagt, es geht darum, in der Steuerung von Gruppenprozessen ein Gleichgewicht zu finden zwischen Ich, Wir (also die Beziehungen zum Du) und Thema.

In diesem Sinne hat sie mit verschiedenen Regeln Werte für die Beteiligung in Gruppen gesetzt, die Menschen dazu einladen, für sich in diesen Dimensionen selbst zu sorgen. Und sie bietet eine Orientierung für Gruppenleiter an, darauf zu achten, dass keine der Dimensionen zu lange überwertig wichtig ist, weil sie dann an Gehalt verliert. Werden die anderen Dimensionen nicht angemessen berücksichtigt, führt das zu einer Verarmung.

Familientherapien

Ein eigener Bereich sind die **Familientherapien**. Damit ist zunächst nur gemeint, dass Familien betrachtet werden oder Einzelne in Bezug auf Familien. Mit welchem Weltbild und welchen Schlüsselideen dies geschieht, ist eine zweite Frage. Oft wird systemische Therapie mit Familientherapie gleichgesetzt. Die Anfänge der Familientherapie waren aber z.B. psychoanalytisch geprägt. Später kamen systemische Ansätze hinzu, die aber eben auch bei der Arbeit mit Individuen auf der einen und mit Organisationen auf der anderen Seite verwendet wurden.

Man sollte also unterscheiden zwischen der Betrachtung von Systemen und systemischen Betrachtungen.

Horst Eberhard Richter

Zunächst möchte ich kurz auf die Anfänge der Familientherapie verweisen und **Horst Eberhard Richter** erwähnen, der mit seiner Doktorarbeit nach meiner Kenntnis die erste Literatur in Deutschland zu diesem Thema veröffentlicht hat. Das war Ende der 60er Jahre: „Eltern, Kind und Neurose". Das darauffolgende Buch war etwas breiter gestreut: „Patient Familie". Darin hat er den Blick vom Individuum als Patient gelöst und verdeutlicht, wie das Tun und das Erleben des einen das Tun des anderen[12] ist, und inwiefern es ernst zu nehmen ist, dass Individuation immer auch bezogene Individuation ist.

---

[12] Stierlin, Helm: Das Tun des Einen ist das Tun des Anderen: Eine Dynamik menschlicher Beziehungen (Suhrkamp Taschenbuch), Frankfurt 1976.

Richter hat den Einzelnen in den Kontext der wichtigsten sozialen Bezugsgruppe gestellt, z.B. das Kind in den der Familie. Und er hat dort begonnen, Sozialsysteme als Erkenntnisgegenstand der Psychotherapie zu beschreiben, nämlich „Patient Familie". Wenn ich mich recht erinnere, hat er damals zwei Grundunterscheidungen vorgenommen, die heute auch noch ganz tauglich sind, wenn man über Teams nachdenkt: Er hat die *charakterneurotische Familie* von der *symptomneurotischen Familie* unterschieden.

Bei einer symptomneurotischen Familie wird eines ihrer Mitglieder zum Träger des Symptoms. Das heißt, wir haben dann einen *Symptomträger*, der damals zunächst beim Psychotherapeuten, heute beim Coach oder beim Personaler abgeliefert wird, mit der Bemerkung: Das ist unser Problemfall, machen Sie was mit ihm. Die weiterführende Idee dabei nun: Der „Gestörte" zeigt Symptome eines Systems und seiner Funktionsweise.

Ich habe ca.10 Jahre im Rahmen von Studienprojekten am Lehrstuhl Prof. Helm Stierlin in Heidelberg und ab 1984 zusammen mit Dr. Gunthard Weber viele Familien mit „psychiatrischen Symptomträgern" behandelt. Bei der Behandlung von „Psychose-Familien" ist bei uns sehr oft der Eindruck entstanden, dass die psychotischen Familienmitglieder in vielem eigentlich besser nachvollziehbare Wirklichkeitsbezüge hatten als die anderen und in mancher Weise die Hellsichtigeren im System waren. Aber die anderen Mitglieder haben gemeinschaftlich diese Art von Hellsichtigkeit nicht als angemessenen Beitrag zum System zugelassen. Von daher war zwar ein Mitglied Indexpatient, und oft auch in der Psychiatrie untergebracht, aber wir konnten sehr gut nachvollziehen, dass dem eigentlich ein Kulturproblem des Systems zugrunde lag. Ein Beispiel für den Umgang mit Systemen und Symptomträgern ist unten im Kapitel „Umgang mit Störungen" unter „Familientherapeutische Ansätze" zu finden.

Die charakterneurotische Familie lebt gemeinsam eine eingeschränkte Weltsicht, ist also nicht angemessen offen in der eigenen Kulturentwicklung und im Kontakt zur übrigen Welt. Zum Beispiel Familientyp „Festung". Nur wer in der Festung ist, gehört zu uns, und alles, was draußen ist, ist im Prinzip feindlich. Oder der Familientyp „Hospital": Nur hier kannst du krank sein, hier wirst du versorgt. Hier sind die Mitglieder verfangen in einem gegenseitigen Fürsorgesystem.

Diese Überlegungen sind nach wie vor nützlich, um zu überlegen, was die Merkmale eines Systems sind, die sich durch Symptomträger zeigen, und welche die Charakteristika eines Systems sind, die ein ganzes System charakterisieren.

Mailänder Schule – Mara Selvini-Palazzoli

Im Kontrast dazu stand die **Mailänder Schule** (Selvini Palazzoli, Boscolo, Cecchin, Prata u.a.), die gesagt haben: Es ist immer das System. Das System erzeugt eine *Paradoxie*, also eine widersprüchliche Wirklichkeit, die mit den Mitteln des Systems selbst schlecht aufzulösen ist. Paradox heißt ja scheinbar widersprüchlich. Die Widersprüche sind also von einem höheren logischen Standpunkt aus sehr wohl aufzulösen, aber nicht innerhalb einer bestimmten Logikebene.

Die Mailänder haben deshalb gesagt, es macht überhaupt keinen Sinn, etwas innerhalb der Wirklichkeitslogik der Familie therapieren zu wollen, sondern man müsse überlegen, wo die Widersprüche in den Wirklichkeitssichten sind, aufgrund derer die Familien in Schwierigkeiten geraten: Dann könne man durch Gegeninterventionen diese Verfestigungen von Wirklichkeit, die ohne verrücktes Verhalten nicht lebbar sind, in Bewegung bringen.

Paradoxe Interventionen

Die Intervention enthält als Hauptsache ein *Gegenparadoxon*. Es wurde dabei versucht, eine logische Gegenwirklichkeit zu erfinden, die das Paradoxe in irgendeiner Weise verstört, damit etwas Neues geschehen kann. Dieser Ansatz hat absichtlich keine Vorstellung davon entwickelt, welche Kultur die Familie danach haben sollte. Es wurde auf Verstörung von paradoxer, nur verrückt lebbarer Wirklichkeit gesetzt. Diese Grundvorgehensweise hat über Jahre hinweg auch die Haltung der Systemiker gegenüber sozialen Kulturen geprägt: Verstören - den Rest sollen sie selber machen. Technisch ging man so vor, dass zusammen mit einem Team hinter einem Einwegspiegel eine solche Intervention erarbeitet und als Abschluss der Familie verkündet wurde.

Viele einschlägige Veröffentlichungen illustrieren, was an diesem Ansatz so fasziniert hat. Seltener wurde verdeutlicht, was durch diesen Ansatz längere Zeit ausgeblendet wurde: Wir haben z.B. eine ganze Reihe von verwahrlosten Familien behandelt, also solche mit auffälligen Familienmitgliedern, bei denen wir aber nicht den Eindruck hatten, sie hätten ein unentrinnbares, widersprüchliches Wirklichkeitssystem. Sie hatten überhaupt kein genügend ausgebildetes Wirklichkeitssystem, in dem man sich orientieren konnte. Es fehlte an wirksamer Kultur. Und in diesen Familien haben paradoxe Interventionen deshalb nicht gegriffen. Aber zu dieser Zeit haben wir noch auf die edukativen Einsätze als überlebt herabgesehen. Wir wollten doch gerade dazu einen Kontrapunkt setzen. Deshalb taten wir uns schwer, uns neben Verstörung zu notwendiger Kulturbildung als hinreichender Maßnahme zu bekennen.

Logik der Wirklichkeitserzeugung

Gut am Mailänder Ansatz war, dass man sich nicht mit Inhalten und nicht mit Individuen, sondern mit Mustern der Wirklichkeitsfortschreibung und Wiederbelebung von Wirklichkeitsmustern beschäftigt hat, und dass man sich auf Muster, die diese Muster in Bewegung bringen, besonnen hat. Das hatte eine sehr prozesshafte Interventionsfokussierung zur Folge. Man ist davon ausgegangen, dass Wirklichkeitssysteme, selbst wenn sie zu schweren Störungen führen, keine langen Therapien brauchen, sondern nur intelligente. Das hat in vielen Fällen auch erstaunlich gut funktioniert - und in anderen eben nicht. Misslungene Beispiele wurden aber auf den Kongressen nicht vorgestellt.

Systemische versus psychoanalytische Familientherapie

Horst Eberhard Richter hat solche wechselseitigen Zusammenhänge beschrieben und zusätzlich inhaltlich vor dem Hintergrund der psychoanalytischen Theorie gedeutet. Also aus welchen Motiven heraus werden die Dinge gestaltet bzw. wie organisiert sich der Eine im unbewussten Umgang mit den Konflikten des Anderen. Das heißt, es wäre immer eine psychodynamische Überlegung dahinter gewesen, mit der man sich auch inhaltlich die Umgangsweisen und die aufrechterhaltenden Motivationen für diese Beziehungsgestaltung erklärt.

Das haben die Mailänder überhaupt nicht mehr gemacht. Sie haben nur noch nach den Mustern geschaut. Und es war nie inhaltlich geklärt, nach welcher Logik sie dies tun. Auf jeden Fall haben sie sich abgegrenzt von einer psychoanalytischen Erklärungslogik. Das war zeitbedingt verständlich, weil die psychoanalytische Erklärungslogik ja immer die ganze Psychoanalyse-Professionskultur mit sich getragen hat, also bestimmte Vorstellungen, welche umständlichen Verfahren kindheitsbezogen zur Heilung notwendig seien. Das wollten sie ja nicht. Sie wollten gegenwartsbezogene verstörende Interventionen aktivieren und die Selbstheilungskräfte der Familie freilegen, aber nichts weiter tun, um Familien zu erziehen.

Systemtherapie und Einzeltherapie kombiniert – Ruth McLendon

Es gab einen Familientherapie-Ansatz in den USA aus der TA-Richtung, der beides gut miteinander kombiniert hat, nämlich der von **Ruth McClendon**. Sie entwickelte ein Drei-Stufen-Modell. In der ersten Stufe analysierte und intervenierte sie systemisch, um wechselseitige, aufrechterhaltende Bedingungen erst einmal zu attackieren. Sie ging davon aus, dass es schwer ist, mit Persönlichkeitsarbeit überhaupt etwas zu erreichen, solange das System in alter Weise die verrückte Wirklichkeit stabilisiert. Sie hat also mit einer System-Analyse und einer entsprechenden Intervention begonnen. Wenn auf diese Weise Bewegung reinkam, hat sie dann mit einzelnen Mitgliedern des Systems eine transaktionsanalytische Einzeltherapie gemacht, auch in Familien. Dabei ging es darum, was die Familienmitglieder an Einschränkungen in sich tragen und freisetzen müssen. Damit ging man von inneren Wirklichkeiten im Individuum und ihren Gestaltungskräften unabhängig vom System aus. Diese mussten separat therapiert werden; Analysieren, was sie in sich aufgenommen haben und was in ihnen weiterwirkt, auch wenn die bestätigenden Kreisläufe draußen unterbrochen sind. Nach der ersten Phase mit den Systeminterventionen wurden in einer zweiten die inneren bestätigenden Kreisläufe für problematische Lebensweisen in einzelpsychotherapeutischer Arbeit aufgelöst. Das konnte für jeden in der Familie verschieden sein. In einer dritten Integrationsphase kam dann das Edukative wieder dazu: Wie können die neuen Perspektiven nach einer Ablösung des alten, eingeschränkten Systems für die einzelnen Menschen und für das System neu zusammenpassen?

Kombinierte Weiterentwicklungen

Diese Kombination wurde damals von den reinen Systemikern nicht gewürdigt, weil sie darin einen Rückfall in das klassische psychodynamische Modell wähnten. Aber heute machen das die meisten de facto genauso. Wenn wir wirklich verrückte Systeme hatten, sind wir auch so vorgegangen: Die ersten 4-5 Sitzungen haben wir uns nicht auf individuelle Dynamiken eingelassen, sondern haben auf der Systemebene interveniert. Dabei ist es wichtig, dass man immer auch die seelischen Entwicklungsbelange des Einzelnen im Hintergrund mitschwingen lässt und sich dafür interessiert. Wir haben so oft die Erfahrung gemacht: Wenn die Familie plötzlich anfing, sich in einer neuen Weise aufeinander zu beziehen, bezogen Einzelne sich plötzlich auf beeindruckende Weise auf Dinge, die wir so nebenbei mal gesagt hatten. 4-5 Sitzungen lang hatte man nichts davon gespürt, dass es greift, und plötzlich haben sie erzählt, wie wichtig das damals war, aber sie hätten es nicht gleich anerkennen können. Ich glaube deshalb, dass das System wirklich auf einen hört, auch wenn es nicht immer gleich Resonanz gibt.

Bindung durch Verstehen

Ein wichtiger Teil der Autorität der Therapie besteht einerseits aus einem sinnvollen Greifen nach den Fäden der Systemzusammenhänge, aber die Menschen müssen auch in sich das Gefühl bekommen: "Die verstehen, worum es jedem Einzelnen und der Familie insgesamt geht. Die haben ein Händchen für unsere Entwicklung". Das ist das, was die Bindung ausmacht. Es gab erfolgreich behandelte Familien, bei denen eine längere Behandlung nötig war, nicht einfach nur ein Verstören von bestimmten Interaktionssystemen. Bei diesen war es immer so, dass wir in der zweiten Behandlungsphase viel Einzelarbeit und auch Inhaltsarbeit im Kreise der Familie gemacht haben, in einer Weise also auch edukative Arbeit. Diese wurde aber immer in systemische Fragefiguren verpackt.

Familien und Teams

Diese Erfahrung ist ganz nützlich, wenn wir heute mit Teams arbeiten: der Wechselzusammenhang zwischen *System- und Personenqualifizierung*. Selbst wenn wir von unserer Orientierung an der Oberfläche ganz das eine machen, verlieren wir doch nicht aus den Augen, welche Rolle die anderen Bereiche für Bindungen und für die Hoffnung auf die Gesamtentwicklung spielen. Unsere Autorität hängt auch davon ab, ob wir Hoffnungsträger für Menschen sind. Wenn wir unsere Autorität nur in Virtuosität suchen, bezogen auf Systembezüge, schränkt uns das wahrscheinlich ein. Deswegen ist es ganz wichtig, dass es neben der Systemkompetenz zum Teil der Berater-Identität gemacht wird, Menschen in ihrer seelischen Entwicklung zu begreifen und zu begleiten, auch wenn das nicht die Arbeitsoberfläche oder der Kontrakt für die professionelle Begegnung ist. Aber es ist ein wichtiger Teil der Ausstrahlung und der Wirkung auf Menschen. Und es sind ja immer Menschen, die Systeme leben.

Palo-Alto-Schule – Gregory Bateson, Paul Watzlawick etc.

Kurz erwähnen sollte man vielleicht noch die ganze **Palo-Alto-Schule**[13]. Hierzu gehörte z.B. Gregory Bateson. Wir haben ihn mit der Double bind Theorie kennengelernt. Sie versuchte die geistigen Ursachen psychotischer Verwirrung zu beschreiben. In einer Doppelbindung war man verfangen, wenn man wichtige, aber widersprüchliche Botschaften empfing, wenn man über die Widersprüchlichkeit nicht meta-kommunizieren durfte und wenn ein Verlassen der Situation subjektiv als unmöglich empfunden wurde. Daraus konnte man entsprechende therapeutische Gegenmaßnahmen ableiten. Diese Überlegungen standen auch für später entwickelte Dilemma-Konzepte im Hintergrund.[14] Manche hier sinngemäß erinnerte Zitate von ihm und der Ethnologin Margret Mead hielten das Verständnis für lebende Systeme wach:

---

[13] Edmond Marc/ Dominique Picard: Bateson, Watzlawick und die Schule von Palo Alto, August 2000.

[14] B. Schmid/ K. Jäger: Zwickmühlen oder: Wege aus dem Dilemmazirkel, 1986 und Bernd Schmid: Verzweifeln - eine professionelle Kompetenz - Bernd Schmid und Matthias Varga von Kibèd im Gespräch 2005.

Wenn ich einen Fußball in genau berechneter Weise trete, kann ich berechnen wie und wohin er sich bewegt. Bei einem Hund ist das anders.

Oder:

Sterbende Kulturen sind solche, die in allen Vollzügen Genauigkeit herzustellen versuchen, und dabei das Wesensverständnis der Kultur verlieren. Vitale Kulturen zeichnen sich dagegen dadurch aus, dass vieles nur bei Bedarf genau geregelt wird, jedoch ein gelebtes gemeinsames Verständnis bezogen auf die Kernelemente der Kultur besteht.

Inhalts- und Beziehungsebene: Watzlawick et al.

Diese Autoren haben die Kommunikation zwischen Menschen als ihren Gegenstand gewählt und strategisch Einfluss auf Kommunikationskulturen und Selbstorganisationskulturen genommen. Noch heute kennen viele den Unterschied von Inhalts- und Beziehungsebene aus dem Buch Menschliche Kommunikation.[15] Buchtitel wie *Möglichkeiten des Andersseins* oder *Anleitung zum Unglücklichsein* markierten moderne wirklichkeitskonstruktivistische Ansätze. Dennoch war Watzlawick wie viele der Neudenker dieser Zeit tiefenpsychologisch fundiert, und zwar ausgebildet am C.G.Jung-Institut in Zürich.

---

[15] Paul Watzlawick / Janet Beavin / Don D. Jackson: *Menschliche Kommunikation – Formen, Störungen, Paradoxien.* Huber, Bern 1969.

Familientherapie in Aktion – Virginia Satir

Es gab neben den systemischen Ansätzen einen Zweig der Familientherapie, den ich edukativ interaktionell nennen würde: **Virginia Satir** hatte klare Vorstellungen davon, wie eine Familie in welchen Phasen welche Aufgaben lösen, wie sie miteinander umgehen muss, um gesund sein zu können. Sie hat viel gute edukative Arbeit geleistet, und dabei mit hohem persönlichen Engagement ein allparteiliches Gleichgewicht im System gehalten. Gelingt dies nicht, besteht die Gefahr, dass edukative Ansätze systemimmanent bleiben, also Lösungen 1. Ordnung sind: Dass das System seine Lebenskultur mit Hilfe eines Professionellen einfach fortsetzt und ihn einbaut, und nicht Lösungen 2. Ordnung entstehen, bei denen es durch Anreize von außen zu wirklichen Änderungen der Lebenskultur eines Systems kommen kann. Satir hat durch ihre Persönlichkeit und ihr aktives Engagement für humanistische Ansätze in der Familientherapie, aber auch durch Techniken wie z.B. Familienskulpturen viele wichtige Spuren hinterlassen.

Konstruktivismus – Maturana, Luhmann, v. Förster u.a.

Später kam der **Konstruktivismus** dazu - von der erkenntnisbiologischen Seite **Varela und Maturana**, von der soziologischen Seite **Niklas Luhmann**, von der Physik her **Heinz von Förster**. Mit einigen Betrachtungen zum Konstruktivismus verlassen wir den Bereich psychologischer Schulen. Er ist eine übergeordnete Sichtweise, die eben nicht im engeren Sinne psychologisch ist, aber helfen kann, psychologische Betrachtungen richtig einzuordnen und zu konzipieren.

Störungen – Beeinträchtigung oder Entwicklungsanreiz?

Einige Sichtweisen aus Therapie und Beratung

Psychotherapie und Störungen

Psychotherapeuten werden tätig, wenn Menschen als gestört betrachtet werden. Sie können z.B. kein Flugzeug besteigen, ohne durch Angstanfälle gestört zu sein. Sie fühlen sich durch den Zwang, den Inhalt ihrer Brieftasche wieder und wieder kontrollieren zu müssen, gestört oder dadurch, dass sie in Gegenwart von Autoritäten stottern oder aus nahen Beziehungen Reißaus nehmen müssen.

Manchmal fühlt sich eher die Umwelt gestört, z.B. durch die Alkoholfahne am Arbeitsplatz oder durch den erkennbaren Verlust von Realitätssinn oder durch gewissenloses Handeln bis hin zu Verhaltensweisen, die als abartig und kriminell eingestuft werden.

Die Aufgabe der Therapie besteht dann darin, den betroffenen Menschen zu einer Veränderung zu verhelfen, die Störungen beseitigt oder zumindest erträglich macht.

Wodurch Störungen verursacht werden und wie sie zu beseitigen sind, darüber haben unterschiedliche Schulen allerdings unterschiedliche Vorstellungen.

Gestörte Wirklichkeiten und Veränderung durch Störungen

Die meisten Schulen gehen davon aus, dass gestörte Wirklichkeitsbezüge und gestörter Lebensvollzug bzw.

gestörtes Empfinden die Folge von nicht konstruktiv verarbeiteten Herausforderungen oder Belastungen in der Lebensentwicklung eines Menschen sind. Das heute Problematische daran ist weniger, dass Menschen solche Erfahrungen gemacht haben, da diese ja Geschichte sind, sondern dass sie deswegen ihre heutigen Möglichkeiten nicht ausschöpfen und im Lernen unter objektiv besseren Bedingungen behindert bleiben. Diese Behinderung ist die eigentliche Störung.

Unabhängig von der Bewertung ist jede Störung auch ein organisiertes Verhalten, das wahrscheinlich seinen (wenn auch verqueren) Sinn hat und als stabile Gewohnheit zu einem Teil des Lebens, vielleicht des Selbstverständnisses geworden ist. Dann sind Störungen zum (unerwünschten) Programm geronnen. Dieses muss wiederum durch Erfahrungen, die das Programm aufweichen und verändern, gestört werden. Therapie ist so gesehen die Kunst des konstruktiven Störens.

Wenn z.B. ein Mensch im Herkunftsmilieu unter undurchsichtigen und unsicheren Beziehungen zu leiden hatte, belastet dies das Vertrauen und die Offenheit in Beziehungen heute. Wenn dann zum Schutz Beziehungen extrem versachlicht oder gemieden werden, können ausgleichende Erfahrungen unter gegenwärtig besseren Bedingungen ausbleiben. Der Mensch erlebt sich als beziehungsgestört und verhält sich entsprechend. Der Kreis hat sich geschlossen. In der Vorstellung, welche Konsequenzen daraus zu ziehen sind, unterscheiden sich unterschiedliche psychotherapeutische Richtungen erheblich.

In diesen auf wesentliche Aspekte reduzierten Darstellungen können nur die wichtigsten Richtungen Berücksichtigung finden. Sie ergänzen unter der Perspektive Störungen bereits erläuterte Schlüsselideen.

Psychoanalytisch orientierte Ansätze

Psychoanalytisch orientierte Therapien gehen davon aus, dass die dem heutigen Bewusstsein oft schwer zugänglichen Belastungen der Vergangenheit ins gegenwärtige Bewusstsein gehoben werden müssen. Dies wird nur möglich und bedeutsam, wenn die damit verbundenen Gefühle anerkannt und angenommen werden. Denn zur Vermeidung der problematischen Gefühle werden die belastenden Erinnerungen oder die damit verbundenen Gefühle verdrängt. Dies führt zur Vermeidung von heilenden Erfahrungen heute oder es werden gar neue Erfahrungen wie unter einem Wiederholungszwang so inszeniert, dass sie den gestörten Wirklichkeitsbezug bestätigen.

„Aufarbeitung" der Geschichte von Störungen

Im Beispiel der undurchsichtigen Beziehungen im Herkunftsmilieu müsste sich dieser Mensch z.B. vergegenwärtigen, wie sehr er als Kind auf familiäre Beziehungen angewiesen war und er sich nach Verlässlichkeit sehnte, bzw. Schmerz und Angst erlebte, wenn solche Geborgenheit fehlte. All dieses in der als nah erlebten Beziehung der Therapie zuzulassen und so Vertrauen zu entwickeln, mindert Angst und Schmerz. Dies lockert Vermeidungen und Beziehungen in der Gegenwart so weit, dass aktuell bessere Erfahrungen gemacht und in die Wirklichkeitsverständnisse aufgenommen werden können.

Eine „Aufarbeitung der Vergangenheit" stellt so die Weichen dafür, dass sich die Störungen im heutigen Wirklichkeitsbezug und Befinden verlieren können.

Störungen in Vertrauensbeziehungen beheben

Da belastende Ereignisse, bzw. die damit verbundenen Erinnerungen und Gefühle, als dem Betroffenen unbewusst angesehen werden, muss sich der Betroffene bei der Einschätzung, ob er bei den bedeutsamen geschichtlichen Ereignissen angekommen ist, dem Therapeuten und seinem Verfahren anvertrauen. Daher erfordert dieses Verfahren meist eine ausführliche Auseinandersetzung mit dem Thema Vertrauen in Beziehungen und allen diesbezüglichen Störungen. Diese Auseinandersetzung ist zwangsläufig ein Hauptthema psychoanalytischer Therapien, unabhängig davon, ob dies mit der Störung, die Anlass der Therapie war, zu tun zu haben scheint. Für diese Auseinandersetzung stellt sich der Therapeut als Beziehungspartner in einer meist längeren therapeutischen Beziehung zur Verfügung.

Verhaltenstherapeutisch orientierte Verfahren

Störungen durch Lernen beheben

Verhaltenstherapeuten beschäftigen sich weniger mit Entstehungsgeschichten von Störungen. Sie studieren Verhalten, Erleben und Lernen in der Gegenwart und inszenieren Lernsituationen, in denen die mit den Störungen verbundenen Verhaltensweisen **ver**lernt und stattdessen angemessene **ge**lernt werden. Die Entstehungsgeschichte der Störungen gibt bestenfalls Hinweise darauf, was die Störungen aufrechterhält, wie sie gelernt wurden und in welcher Hinsicht Lernfähigkeit gefördert werden sollte, um beides zu verlernen und Neues zu erlernen.

Lernstörungen beheben

Verhaltenstherapie beschäftigt sich zwangsläufig mit dem Lernverhalten von Menschen. Damit die zur Beseitigung der Störungen notwendigen Verhaltensweisen gelernt werden können, müssen Störungen im Lernverhalten beseitigt werden, wenn sie die betroffenen Menschen dabei behindern.

Bei diesem Verfahren versteht sich der Therapeut als Fachmann für Lernprozesse, sowie als Architekt und Moderator von Lernprogrammen. Die Sitzungen dienen zur Klärung der Lernanliegen und zum Entwickeln von Lernprogrammen, bzw. zum Auswerten gemachter Lernerfahrungen. Das Lernen findet in aktuellen, konkreten Lebenssituationen statt, z.T. in der Therapiesituation, soweit dort eine geeignete Lernsituation hergestellt werden kann. Der Patient kann direkt beurteilen, ob bezüglich seines Therapieanliegens Fortschritte erzielt werden. Vertrauen ist nur insoweit erforderlich, als der Patient bereit ist, seine aktuellen Probleme zu besprechen und sich auf die Lernexperimente einzulassen.

Patient der Psychoanalyse und Verhaltenstherapie ist der Einzelne und „seine" Störung.

Familientherapeutische Ansätze

Die Familientherapie hat den Blickwinkel auf Störungen und die Zusammenhänge auf die Familie als Ganzes ausgedehnt. Die Störung bei einem Familienmitglied wird als Störung im Zusammenspiel der ganzen Familie, als Störung des Systems gesehen. Ohne Mitwirkung anderer können Störungen nicht aufrechterhalten werden oder verlieren ihren Sinn. Dementsprechend wird meist auch möglichst die ganze Familie in die Therapie einbezogen.

Beispiel „Schulschwierigkeiten":

Ein Kind „zeigt" Schulschwierigkeiten (schlechte Leistungen, provokantes Benehmen, etc.). Nun wird untersucht, wie das gezeigte Verhalten als eine Störung im Familiengleichgewicht beschrieben werden kann. Vielleicht entzieht sich der Vater der Ehe zunehmend durch berufliche Abwesenheit. Das Kind meint, eine zunehmende Verzweiflung der Mutter zu spüren, ohne dass dies in der Familie beachtet wird. Gelegentliche Schulprobleme lenken die Mutter von ihrer Verzweiflung ab und bewegen den Vater zu mehr Engagement in der Familie.

Je größer diese Probleme werden, desto notwendiger werden die Anwesenheit des Vaters und das Zusammenrücken der Eltern, wenn auch in Sorge um das Kind. Als nach einer vorübergehenden Besserung der Schulprobleme des Kindes die Distanz der Eltern und die Verzweiflung der Mutter wiederkehren, „erleidet" das Kind einen Rückfall.

Störungen sind nur im Kontext zu verstehen

Diese Fallbeschreibung verdeutlicht, dass aus familientherapeutischer Sicht die Störung `Schulschwierigkeit des Kindes´ ohne das Einbeziehen des Kontextes vielleicht gar nicht verstanden werden kann. Störungen verlieren ihren selbsterklärenden Charakter und ihren selbstverständlichen Ort.

Es muss erwogen werden, was als Störung beschrieben werden kann und wo sie anzusiedeln ist: vielleicht in der Beziehung der Eltern oder im kindlichen Verständnis der Familienereignisse. So beschrieben legen die Ereignisse nahe, in der „präsentierten Störung" des Kindes einen Beitrag zum Familienerhalt zu sehen. Die Störung des Kindes würde ihren Sinn verlieren, wenn das Thema Familienerhalt und Wohlergehen der Mutter auf andere Weise versorgt würde oder durch Schulschwierigkeiten für das Kind erkennbar gar nicht beeinflusst werden könnte.

Störungen im Zusammenspiel des Systems beheben

Die Familientherapeuten erforschen mögliche Sinn- und Interaktionszusammenhänge und geben den Familien dabei neue Beschreibungen vorzugsweise ihrer Beziehungswirklichkeit. Oder sie verschreiben Experimente zwischen den Sitzungen, mithilfe derer die Familie selbst auf wesentliche Fragen ihres Familiengleichgewichts aufmerksam wird und es zu Klärungen oder zu einem neuen Zusammenspiel kommen kann.

Familientherapie kann psychoanalytische, verhaltensorientierte oder andere Elemente enthalten. Entscheidend ist, dass nicht der Einzelne und seine Störung, sondern die Familie als System betrachtet wird und die präsentierte Störung auf die Funktionsweise dieses Systems verweist.

Der Systemische Ansatz

Der systemische Ansatz versteht nicht nur Familien, sondern auch Teams, Organisationen, sowie auch Einzelne als Systeme in ihrem Kontext. Es wird also auf das Zusammenspiel von Teilsystemen (auch innerhalb einer Person) geschaut und auf das Zusammenspiel mit dem Umfeld. Es werden gewohnheitsmäßige Grenzen, was in die Betrachtung einzubeziehen ist, aufgehoben und von Fall zu Fall entschieden, was zum Klientensystem gehört und was zum Umfeld. Systemische Therapie und Beratung sind i.d.R. gegenwarts- bzw. zukunftsbezogen und interessieren sich mehr für kreative Lösungen als für Störungsentstehungen nach dem Motto: *Wenn man weiß, wie man den Karren in den Dreck gefahren hat, weiß man noch lange nicht, wie man ihn wieder herausbekommt.*

Konstruktivismus und Metaebenen

Zum systemischen Ansatz gehört die wirklichkeitskonstruktive Perspektive. Hierbei wird eine Metaebene einbezogen, von der aus man erkennt, dass jede Wirklichkeit etwas mit der Beschreibung eines Beobachters zu tun hat und dass die Menschen sich entsprechend ihres Wirklichkeitsverständnisses organisieren. Um eine Ankoppelung des Therapeutensystems an das Klientensystem zu erreichen, studieren die systemischen Berater, welche Impulse im Angesicht der Eigengesetzlichkeiten vom Klientensystem als konstruktive Störungen wirksam aufgenommen werden könnten. Gelingt diese Ankoppelung nicht, wird dies nicht als Störung im Klientensystem, sondern als Scheitern der Wirklichkeitsbegegnungen betrachtet. Ein Begriff wie Widerstand wird nicht verwendet. Von einer Metaebene aus betrachtet könnte man genauso gut vom Widerstand der Berater sprechen. Die Therapeuten sind als Spezialisten für konstruktiv störende Wirklichkeitsbegegnungen gefordert und müssen sich eben etwas Hilfreicheres einfallen lassen. Daher tut man gut daran, evtl. gemeinsam mit den Klienten die Zutaten zu konstruktiven Begegnungsmöglichkeiten zu studieren.

Störungen sind Lösungen

Was für den einen eine Störung ist, kann für den anderen die beste Lösung gemessen an seinem Wirklichkeitsverständnis sein. Im Familientherapie-Beispiel wurde vielleicht plausibel, dass eine Störung wie Schulschwierigkeiten aus dem Verständnis eines Kindes als Beitrag zum Versorgen wichtiger Anliegen betrachtet werden kann. Generell wird vermutet, dass die Störung die gegenwärtig beste Lösung in einem System darstellt. Daher forscht man nach Beschreibungen, die dieser Annahme Plausibilität verleihen. Die Störung nur beseitigen zu wollen, hieße in dieser Logik Lösungen beseitigen, wogegen dann verständlicherweise Gegenkräfte erwachen.

Sich auf die Seite der Störungsbeseitigung zu stellen ist also nur klug, wenn der Klient seine Wirklichkeitslogik verstanden oder zumindest gewürdigt sieht. Erst wenn andere Perspektiven erschlossen und bessere Lösungen für entscheidende, durch die Störung versorgte Gesichtspunkte in Sicht sind und die Betroffenen dies auch so sehen, sind Störungen entbehrlich.

Komplexität und systemische Haltungen

In lebendigen Systemen muss man davon ausgehen, dass niemand die vollständige Einsicht in die Wirklichkeitsverständnisse und Wirkkräfte hat. Man muss mit der den lebendigen Systemen eigenen Komplexität umgehen, also mit prinzipieller Unmöglichkeit einer vollständigen Beschreibung oder Kontrolle. Das legt eine partnerschaftliche Haltung gegenüber den Beteiligten nahe und empfiehlt Kooperation mit den Betroffenen, die man als Experten in Sachen eigener Wirklichkeit ernst nimmt.

Damit kommen systemische Haltungen ins Visier, die vielleicht wichtiger sind als systemische Theorien und Vorgehensweisen. Die eben dargelegte systemische Haltung der Würdigung steht neben der Lösungsorientierung, die oben schon erläutert wurde. Dazu kommt die Ressourcenorientierung. Bei dieser geht man davon aus, dass meist genügend Ressourcen für die befriedigende Wirklichkeitsgestaltung in den Systemen selbst zur Verfügung stehen. Diese sind aber vielleicht noch nicht aktiviert, auf die aktuelle Fragestellung zugeschnitten und mit anderen Ressourcen synergetisch vernetzt. Bevor man glaubt, nacherzieherisch auf ein System einwirken zu müssen, werden noch brachliegende Kompetenzen eingeladen und kreative Prozesse der Eigensteuerung und Eigenentwicklung angestoßen. Allerdings darf man aus dieser Haltung heraus nicht verkennen, dass auch Sach- und Kontextkenntnisse sowie professionelle Kompetenz erworben werden müssen.

Homöostase, Störung und Verstörung

Wenn Systeme sich in einem bestimmten Gleichgewicht eingespielt haben, trachten sie danach, dieses zu erhalten, auch wenn diese Homöostase nur um den Preis der auftretenden Störungen zu halten ist. Dann ist es nötig, das vorhandene Gleichgewicht zu verstören, damit Bewegung ins System und in die Wirklichkeitsverständnisse kommt. Normalerweise leisten dies die „Störeinflüsse" des Lebens. In professionellen Beziehungen sind hierzu manchmal (im Rahmen des Kontraktes) für die Betroffenen nicht unmittelbar verständliche Interventionen nötig.

Eine strategische Beeinflussung des Klientensystems - insbesondere, wenn sie einseitig beschlossen wird - kann in einen Widerspruch zu den genannten systemischen Haltungen führen. Da in freigewählten Beziehungen Wirkung nur durch aktive Kooperation des Gegenübers zu erzielen ist, kann die Annahme von Verstörung seitens der Klienten auch als eine Art von Kooperation betrachtet werden. Da Systeme nicht aus einem Guss sind, können

Subsysteme kooperieren, um andere Subsysteme zu verstören. Hierzu gäbe es sicher Vieles weiterführend zu diskutieren.

Durch therapeutische Verstörung sollen stereotype Muster der Wirklichkeitsrekonstruktion und der Selbstorganisation des Systems blockiert werden, um Raum für Such- und Neufindungsprozesse zu schaffen. Inwieweit man dabei auf die Ausrichtung und Architektur der Neuorganisationsprozesse steuernd Einfluss nehmen kann und soll, ist eine häufig diskutierte Frage.

Beispiel für eine systemische Intervention

Beispiel: Einem Team, das Entscheidungen durch immer wieder neue Diskussionen bis zur Verhinderung kompliziert und vertagt, kann die Beschreibung angeboten werden, dass dies in wechselnden Rollen, aber im Zusammenspiel getan wird, um neue Entwicklungen aufzuhalten, solange nicht höchste Gewissheit über allseitigen Nutzen gesichert ist. Alle zusammen würden dafür sogar das gemeinsame Risiko in Kauf nehmen, das natürlich auch im Aufhalten von Entwicklungen für alle liegt.

Um dieses Fürsorgeverhalten näher zu studieren wäre es hilfreich, dieses Verhalten beizubehalten. Alle sollten studieren, welche Interessen genau von wem gewahrt werden und ob die Risiken des Aufschiebens dabei die gleiche Fürsorge und Beachtung finden wie die Risiken der anstehenden Entscheidungen.

Die Beobachtungen sollten unauffällig gemacht und zunächst verschwiegen werden. Trotz eventuell besserer Einsichten und Impulsen, ihnen entsprechend zu handeln, sollte das bisherige Verhalten in 90% der Fälle beibehalten und nur in 10% diskret verändert werden.

Bei dieser Art der Intervention wird auf die positive Konnotation der Beiträge und Motive gesetzt. Statt etwas „Störendes" zu beseitigen, werden akzeptable Gesichtspunkte hinzugefügt. Durch die Verhaltens- und Beobachtungsaufgaben werden gewohnte Verhaltensweisen blockiert und/oder in ihrer Bedeutung fraglich gemacht. Dann kann sich das System in neue Suchprozesse begeben und hoffentlich in einem neuen Gleichgewicht einspielen, das ohne die vorher aufgetretene Störung auskommt. Man vertraut weitestgehend darauf, dass das neue Gleichgewicht flexibler ist und geeignet, der aktuellen Herausforderungen besser zu entsprechen.

Hypnosystemische Ansätze[16]

Stärker als die klassischen systemischen Ansätze betonen hypnosystemische die Nutzung der Störung selbst als Brücke zu kreativen Ansätzen. Auch wird hier weniger die Störung der Homöostase als die Anregung zu kreativen Lösungen betont.

Hypnosystemische Ansätze stellen dabei die Gestaltung von Wirklichkeit durch Aufmerksamkeitsfokussierung in den Vordergrund. Die Berater beeinflussen das Perspektiven- und Aufmerksamkeitsmanagement. Ihre Interventionen zielen auf Betrachtungsweisen, Vordergrund-Hintergrund-Verschiebungen und auf das Zusammenspiel von hintergründig-intuitiv gesteuerten Prozessen.

Sie gehen davon aus, dass aufgrund ihrer Komplexität ohnehin immer nur Aspekte der Wirklichkeit in den Vordergrund treten. Viele andere Kräfte und Logiken wirken zwangsläufig im Hintergrund.

---

[16] Gunther Schmid 2004: Liebesaffären zwischen Problem und Lösung, Heidelberg 2004.

Lösungstrancen statt Problemtrancen

Systeme induzieren bei sich selbst und in ihren Subsystemen wechselseitig wie auch in ihrer Umwelt Problemtrancen statt Lösungstrancen. Ordentliche Analysen und vordergründig-methodische Steuerungen allein führen meist nicht weiter. Wenn hintergründig wirkende Kräfte nicht eingebunden werden, sind die so gefundenen Lösungen nur oberflächlich bedeutsam. Sie sind daher wirkungslos oder können zwar kurzfristig durchgesetzt werden, verlieren aber ihre Eigendynamik, wenn die Kontrolle nachlässt. Nachhaltige Lösungen gehen hingegen in die von vielen, auch hintergründigen Kräften getragene kreative Eigensteuerung über.

Störanfälligkeit einseitig rationaler Ansätze

Selbst wenn rational-kontrollierende Ansätze funktionieren, erfordern sie ein zermürbendes Maß an Durchgestaltung aller Vorgänge und regelmäßige Kontrolle von außen. Solche Systeme sind aus systemischer Sicht in einem übergeordneten Sinn störanfällig, da sie Störungen nicht eigenständig, situativ und kreativ ausbalancieren. Fehlentwicklungen werden nicht erkannt oder es wird keine Verantwortung übernommen, weil dafür keine Kompetenz entwickelt wurde oder nicht genügend auch hintergründige Interessen aller Beteiligten damit verbunden werden.

Die generelle Antwort aus hypnosystemischer Sicht heißt: Verstören solcher einseitigen Ansätze und mit den im Hintergrund wirkenden Kräften Dialog halten! Deren Anliegen, Mitwirkung und Kompetenzen Interesse entgegen zu bringen, führt zum Zusammenspiel der vorder-

gründig-methodischen Ebenen mit den hintergründig-
intuitiven.

Argumentationshilfe aus der Hirnforschung

Neuerdings werden Fragen der Steuerung komplexer
Systeme durch Verweis auf das Funktionieren des
menschlichen Gehirns veranschaulicht. In der Hirnfor-
schung wird gegenwärtig betont, dass die wesentlichen
Entscheidungen im limbischen System (vereinfacht auch
emotionales Hirn) fallen. Das Großhirn, dem Sprache und
Bewusstsein zugeordnet werden, spielt dabei eher eine
untergeordnete Rolle und ist hauptsächlich mit nachfol-
gendem Argumentieren, Ausführen und Überwachen
befasst. „Der Vorstand der Ich-AG sitzt im lymbischen
System" (Schmidt 2004).

Für kluge Systemsteuerung in komplexen Situationen
wird daher eher mehr Intuition und emotionale Intelligenz
gebraucht als mehr rationale Systematik. Darüber hinaus
scheinen verarbeitbare Störungen alternde Gehirne anzuregen, nicht abzubauen, ja sie scheinen sich sogar noch zu
entwickeln. Dies kann auch alternden sozialen Systemen
zu denken geben.

Manchmal sind Störungen nur Störungen

Systemische Ansätze haben sich weit über therapeutische Fragestellungen hinaus für ein Verständnis von und
das Arbeiten mit Systemen aller Art empfohlen. Sie eignen
sich besonders im Organisationsbereich und sind dort
speziell dafür geeignet, menschliche Systeme mit techni-

schen und wirtschaftlichen Systemen in einen Zusammenhang zu bringen.

Störungen und Verstörungen sind aus systemischer Sicht interessante Vorgänge, doch dürfen sie umgekehrt auch nicht verklärt werden. Störungen dürfen nicht stereotyp als Ausdruck wichtiger Anliegen betrachtet werden, sonst wird diese Sichtweise wieder zum Schema, das gestört werden sollte. Sicher gibt es viele Bereiche, in denen es sinnvoll ist, Störungen einfach als Funktionsfehler zu betrachten und zu beseitigen.

Störungen aus Sicht der Analytischen Psychologie

Um es vorweg zu nehmen: diese Betrachtungsweise ähnelt sehr der hypnosystemischen. Gerade diese Tiefenpsychologie (von C. G. Jung und seinen Nachfolgern) beschreibt viele Prinzipien von Entwicklung zwar zunächst auf seelische und psychische Prozesse Einzelner bezogen, aber ihre Prinzipien kann man auf Organisationen und gesellschaftliche Prozesse gleichermaßen anwenden. Sie können dort zu einer geläuterten Umgangsweise mit Störungen beitragen.

Entwicklungsstillstand bedeutet Störung

Wesentliches Merkmal von lebenden Systemen ist, dass sie sich entwickeln. Stehen bleiben auf einem, wenn auch akzeptablen Funktionsniveau wäre Ausdruck einer Störung und führt zu Störungen. Einseitigkeit führt auf Dauer zu Störungen. Zumindest ist die lebenslange Aufgabe des einzelnen Menschen die Individuation, das immer neue Ringen, auf neue Weise zu sich selbst zu finden. Was dies für unterschiedliche Charaktere in verschiedenen Lebensphasen und –umständen bedeuten kann, muss jeweils herausgefunden werden. Damit ist ein, wenn auch schwer definierbares Kriterium eingeführt. Letztlich kann niemand objektiv und im Voraus sagen, welche Wege wesensgemäß sind, doch hat jeder sensible Mensch bei der Betrachtung von sich selbst und anderen durchaus ein Gefühl dafür, wann Wege stimmig sind. Ganzheitliche Entwicklungen bedeuten konkret immer neue Ergänzungen. Manchmal sind sie gehaltvoll, wenn auch nicht einfach, manchmal sind sie „daneben" oder belanglos, selbst wenn sie vorteilhaft scheinen. Je überfälliger Aufbrüche in weitere Dimensionen der eigenen Persönlichkeit und Lebenserfahrung geworden sind, desto eher treten die gemiedenen Herausforderungen dazu als Störungen ins eigene Leben. Wenn solche Störungen nicht als Verbündete, wenn auch manchmal sehr heruntergekommene, erkannt werden, können sich die Kräfte gegeneinander richten. Als Folge können nicht nur die Entwicklung, sondern auch das bisherige Funktionieren blockiert werden. Dann kann es schwierig werden, diese Kräfte aus der Polarisierung zu lösen und durch Begegnung zueinander finden zu lassen. Dies sei zunächst an privatpersönlichen Entwicklungen veranschaulicht und dann auf größere Systeme übertragen.

Störungen als Mahnung zur Entwicklung

Im Falle des Einbrechens einer Störung von außen, einem Schicksalsschlag wie Tod, Krankheit oder unverschuldetem Misserfolg bleibt einem System nur, sich zu stellen, die Geschehnisse zu akzeptieren und daran zu reifen. Die Störungen können aber auch von innen kommen und zunächst ganz unspektakulär in Erscheinung treten. Zum Beispiel kann sich die Freude an einer bestimmten Tätigkeit verlieren, ohne dass man nach neuen belebenden beruflichen Möglichkeiten Ausschau hält. Dies kann zur Verflachung des Lebensgefühls, aber auch zu Minderleistungen führen, wenn der berufliche Erfolg davon abhängt, ob die handelnden Menschen ganz dabei sind. Vielleicht wagt man den Aufbruch nicht, weil die äußeren Möglichkeiten nicht leicht zugänglich sind oder man die gewohnte Sicherheit nicht mindern, neue Unsicherheiten nicht ertragen mag.

In beiden Fällen gilt, dass weniger die auftretende Störung, sondern mehr die verweigerte Entwicklung zur Störung wird. Die Notwendigkeit zur Entwicklung ist oft nicht leicht einzusehen, weil man sich in seinen bisherigen Erfolgsrezepten gestört fühlt. Doch Tugenden, die einseitig, im Übermaß oder über die passende Zeit hinaus im Zentrum stehen, mutieren zu Lastern und unterdrücken neue, ins Leben drängende Perspektiven. Umgekehrt wiederum sollte man Laster nicht unbedacht als störend bekämpfen, denn sie können auf unerlöste Tugenden verweisen. Manche Laster werden zu Tugenden, wenn sie mit neuen Kompetenzen und Lebensqualitäten angereichert und dadurch erneuert und ins rechte Maß gebracht werden. Störungen als Repräsentanten anstehender Entwicklungen sollten angenommen und davon positive Varianten entwickelt werden, um diese in die eigene Persönlichkeit und Lebensgestaltung aufzunehmen. Erst wenn schließlich Entwicklung angegangen und der unabwendbare Preis dafür bezahlt wird, können sich die Störungen, die den Anlass gegeben haben, durch Integration neuer Lebensqualitäten auflösen.

Solche Überlegungen lassen sich auf Organisationen übertragen.

Ein Beispiel aus dem Organisationsbereich

Ein Unternehmen war durch die Kreativität seines Gründers bis zu einem bestimmten Niveau erfolgreich. Zwar gab es immer wieder Probleme im kaufmännischen Bereich, doch wurden diese bei guter Konjunktur durch kühne Neuentwicklungen und Expansion ausgeglichen. Die kaufmännischen Abteilungen wurden eher als notwendiges Übel empfunden und entsprechend behandelt. Je größer das Unternehmen, je schwieriger der Markt, je lahmer die Konjunktur wurden, umso mehr verlangten kaufmännische Fragen als Störungen Beachtung und dies umso mehr, je länger ihnen eine angemessene Anerkennung für den Unternehmenserfolg verweigert wurde. Nach und nach erlahmte auch die Kreativität im Unternehmen. Diese bekam erst wieder Luft unter die Flügel, als das Unternehmen nach einem Beinahe-Konkurs saniert und nachfolgend wirtschaftliche Gesichtspunkte angemessen berücksichtigt wurden.

Ein Beispiel aus dem gesellschaftlichen Bereich

In der BRD der 1970er Jahre regte sich eine außerparlamentarische Opposition u.a. mit Umweltanliegen. Die Versuche des etablierten Politsystems, die Themen abzudrängen, führten zu einer Radikalisierung dieser gesellschaftlichen Kräfte. Die Störer unter Kontrolle zu bringen war ein sehr aufwendiges und letztlich erfolgloses Unterfangen und drohte die Integrität der staatstragenden Kräfte auszuhöhlen. Erst die Lockerung von zu rigiden Unterdrückungen einerseits und dem einsetzenden Dialog der beiden Seiten andererseits, halfen der Umweltbewegung aus ihrer renitenten Ecke heraus. Heute sitzen ihre Vertreter in etablierten Verbänden und in der Regierung. Dagegen stören neue gesellschaftliche Erscheinungen wie z. B. Armutskriminalität. Sie nur zu bekämpfen, könnte den Privilegierten ein Leben hinter Elektrozäunen und mit Wächtern bescheren. Wäre dies Wohlstandsgesellschaft?

Schluss

Die hier vorgetragenen Gedanken zur Bedeutung von Störungen sind eng verbunden mit einem Verständnis von selbstheilenden Entwicklungen lebendiger Systeme. Aus der Balance zu kommen und sich neu finden, sind wichtige Entwicklungsprinzipien komplexer Systeme. Störungsfreies Funktionieren ist nicht unbedingt ein Ideal dieser Sichtweise. Dem gegenüber steht ein mechanisches Verständnis, das in Systemen letztlich Uhrwerke sieht, die heute zwar hochkompliziert, aber doch als voll berechenbar angesehen werden und störungsfrei funktionieren sollen. Beide Sichtweisen haben ihren Gültigkeitsbereich und ihre Berechtigung. Im praktischen Gebrauch werden auch technische Systeme als komplex erlebt, weil ihre Funktionsweise nur begrenzt verstanden wird und sie daher nur begrenzt unter Kontrolle sind. Sie scheinen ein Eigenleben zu führen und die Menschen beziehen sich entsprechend auf sie. Dies kann jeder Benutzer z.B. im Umgang mit dem Computer beobachten. Ebenso können lebendige Systeme als zwar kompliziert aber als berechen- und steuerbar behandelt werden und dies kann durchaus hilfreich sein. Allerdings dürfte nicht überraschen, wenn sie sich dann doch ganz anders verhalten als erwartet. In diesem Sinne ist es gut, auf noch unbekannte Eigengesetzlichkeiten in den Begegnungen mit lebendigen Systemen eingestellt zu sein.

Diese beiden Prinzipien zeigen sich auch in zwei Verständnissen der Medizin. Die heute vorherrschende allopathische Medizin versucht, Störungen als lebensfeindlich zu bekämpfen, während die homöopathische in den Symptomen problematische Varianten des fehlenden heilenden Prinzips sieht. Sie versucht daher, den Organismus mit den der Störung abgeschauten heilenden Prinzipien in Kontakt zu bringen, um die Störung überflüssig zu machen. Die Erfahrung zeigt auch hier, dass sich beide Sichtweisen ergänzen und gegenseitig befruchten können.

Das **isb** (Leitung: Thorsten Veith) steht als Fachinstitut für Professions-, Organisations- und Kulturentwicklung seit 1984 für hochwertige Professionalisierung von Fachleuten in Organisationen / Unternehmen und ist dort eines der erfahrensten und renommiertesten Institute. Es qualifiziert Führungs- und Fachkräfte bezüglich der Steuerung von Organisationen in Veränderungsprozessen, in systemischer Beratung und Coaching sowie Organisations- und Kulturentwicklung.

Sein Renommee am Markt verdankt das **isb** seinen innovativen Konzepten und Methoden zu den aktuellen Herausforderungen in der Entwicklung von Unternehmen und persönlicher Professionalität. Das Netzwerk von Professionals des **isb** umfasst tausende Alumni aller Branchen (darunter 90% der DAX-Unternehmen) und anderer Gesellschaftsbereiche.

Das **isb** steht aber mittlerweile für Vieles mehr: Services, Initiativen und Events rund um das isb-Netzwerk, im Feld und in Kooperation mit nationalen und internationalen Verbänden / Organisationen, sowie medial aufbereitetes Know-how zu Inhalten und Methoden. Das **isb** gestaltet das Feld systemischer Praxis und systemischer Unternehmensentwicklungen maßgeblich mit.

Publikationen, Themenhandouts, Audios, Videos und Arbeitsmaterialien finden Sie kostenfrei in unserem Medienbereich zur eigenen Nutzung: http://isb-w.eu

Besuchen Sie auch unsere internationale Präsenz: http://isb-i.eu

Zeitfracht Medien GmbH
Ferdinand-Jühlke-Straße 7
99095 Erfurt, Deutschland
produktsicherheit@kolibri360.de